新装版 日本語初級 I

JAPANESE FOR BEGINNERS I

東海大学留学生教育センター 編

東海大学出版会

序

　本書『日本語初級』を世に問うてから早くも10年を経た。その10年を振り返ってみると、大きな変化の波が私たちを襲い、頑として私たちの意識や生活を規定していた世界の構造が揺らいだり崩れ去ったりするのを目にしてきたと言ってもいいのではなかろうか。20世紀末のこの10年は、新たな世紀に向けて私たちに「構造」の建て直しを迫るスクラップの時代であったかとも思えるほどである。私たちは今、新たな構築に向けて模索の中にあると言って良いであろう。教育を巡る事情もしかり、大学は教育改革にまなじりを決して取り組んでいるし、我が留学生教育センターも世代交代の時を迎えている。

　日本にやってくる留学生は今世紀に入って再び増加に転じ、「10万人計画」達成も視野に入ってきたようである。私たちも東海大学における新たな留学生受け入れ施策を構想し、全学生数の5パーセントにまで留学生を増やし真に国際的な教育研究の展開を目指して、すべての学部との協力のもとさまざまな計画を推し進めつつある。今後私たち留学生教育センターの役割はますます増大するものと予想されるが、国際交流の前線にある者として、留学生教育支援の現場を担う者として、なお一層の研鑽を積んで行かねばならぬと決意している。

　留学生が増え、あらゆる領域や場面で留学生との接触が日常的に行われるようになれば、日本語教育の必要性や充実をさけぶ声はさらに大きくなるに違いない。こうした時機に、本書『日本語初級』を一部改訂、録音テープを CD-ROM 化し、実質定価を下げて新装版として、増え続ける国内外の日本語学習者の需要に応えることにしたことは、留学生のための教科書シリーズ再編成の一環ではあるが、時宜を得たものとして歓迎されるものと信じている。本書がこれまで以上に学習者をはじめ日本語教育関係者に広く受け入れられることを願うと同時に、大方のご批正を仰ぐ次第である。

2001年冬
東海大学留学生教育センター
所長　谷口聡人

まえがき

　本書は、東海大学への進学を志す留学生のために設けられている別科日本語研修課程における初級段階用の教科書として編まれたものであるが、同時に広く日本の大学や大学院への入学を目指す多くの留学生の利用にも供せられるよう配慮している。

　本書の編集作業に乗り出してからすでに何年も経過した。さまざまな曲折を経て遅々たる歩みではあったが、今ようやく本書の発行をもって第一の目的地に到着しようとしている。この間、留学生や日本語教育を取り巻く状況は大きく変化してきた。それにともない編集方針もある程度軌道修正をしつつ来たが、対応しきれなかった部分もあるであろう。本書を利用される日本語教師の方々が補ってくれることを期待したい。

　この編集作業の船はまた、じつに何度も船頭が入れ替わった。このことをもってしても日本語教育の世界の変化の激しさが窺われるが、まず始めに、この船を漕ぎいだし、本書がその力に大きく与った関正昭氏に感謝を捧げたい。本書の構想、内容、編集作業等全般にわたって氏に負うところはなはだ大である。氏はまた、編集の中途で本学を離れて行かれることをさかんに気にされ、後々にわたって助言を惜しまれなかった。次に、関氏の後、困難な仕事を引き継いで舵取りをされた平高史也氏の尽力に感謝申し上げる。また、柴田俊造、土岐哲、備前徹の三氏もある時期本書の編集作業に加わって頂いていた。何れもが勤務先を変えられ本学を離れて行かれたが、本書には直接間接に各氏の考えが反映されている。

　また、4年にわたる試用の間、本学日本語研修課程の講師各位ならびに留学生の諸君には、不備な点も多かった本書の試用版につき合って頂き、さまざまの意見や協力を頂いた。感謝に堪えない。

　この編集作業は、本書の初級Ⅰ、Ⅱをもって一段落はするが、まだまだ本書に付随する教材や解説、各国語の翻訳版などの進行中の作業を急がなければならない。引き続いて協力と助言を乞い願うものである。

1991年9月
東海大学留学生教育センター
初級教科書編集委員会
代表　河原崎幹夫
　　　谷口聡人

本書の内容と使い方

1．対象

　本書は、日本の大学・大学院への進学を志す外国人留学生を対象に、初級段階のクラスで用いられる教科書として編まれたものである。

　各課の会話、例文、文章等は、大学での学生生活における日常的な場面や言語行動を材料にしたものが多い。しかし特殊な固有名詞や場面はできるだけ避けているので、東海大学以外の留学生はもとより、広く一般成人の日本語学習者にも使用され得よう。

　また本書は、漢字圏・非漢字圏、あるいはいかなる母語の学習者であっても支障なく使用され得るように、本冊とは別に英語、中国語、韓国語の文法解説書を用意しているので、学習者に応じて本冊との組み合せを変えて使用することができる。

　近年は日本語学習者の増加に相まって、来日以前に自国で相当程度まで学習して来るなど、本学で学習を開始する以前に日本語学習歴を有する留学生が増えている。本書は学習者やクラスに合わせてその使用法や進度を適宜変えて、例えば初級総復習用、初級文型確認用などとしても使用され得るように配慮した。

2．学習時間

　1課に平均4時間程度を要する。ただしこれはクラスで扱う場面会話、文型、練習A、B、Cにかかると思われる時間で、3課ごと（最初だけ4課目）の文章は含んでいない。文章は1篇に50分程度を要する。したがって、本書のⅠとⅡを終えるのに必要な時間数はおおよそ200時間である。もちろんこれは一つの目安に過ぎない。

　なお、文字教育は漢字圏・非漢字圏学習者の別によって習得に要する時間が異なるので上記の時間には含んでいない。また、カリキュラムによってLL、作文、会話等の時間が上の時間にプラスされるであろう。

3．教授法

　本書は特定の教授法理論に則って編集されたものではない。しかし、本文の内容や構成から明らかなように「文型」に重きを置いている。文型練習（パターン・プラクティス）といえば

即座にオーディオリンガル法が想起されようが、本書はこの教授法だけを採用しているわけではない。周知のように、文型練習だけに終始する教え方が強く批判されるようになってから久しいし、文型を習得しただけでは不十分なことはもはや自明のことである。が、教育現場での経験上、時間を限られた成人、特に留学生の日本語教育においては文型練習の効用の大きいこともまた認めねばならない。このような観点から、本書では、教授法は旧来のものから最新のものまで、それらの長所は積極的に取り入れるべきであるとの方針を取っている。したがって本書に盛られた文型、会話、練習は出発点と考え、特定の教授法に縛られることなく担当教師がそれぞれに工夫し種々の教授法の利点を適宜応用することが、本書の特徴を活かし、また欠陥を補うことになると考えるものである。

４．構成

(1)教科書全体の構成

　本書は全体で46課ある。「初級Ⅰ」と「初級Ⅱ」の２分冊からなっており、「初級Ⅰ」は第１課から第24課まで、「初級Ⅱ」は第25課から第46課までである。「初級Ⅰ」の文型はいわゆる単文構造が主で、「初級Ⅱ」は複文構造が主となっている。各課の配列は文型に基づいてなされている。

　なお、学習者や教授者を支援するために、本書には文法解説書(各国語版)と音声 CD が付随している。

　　　文法解説書
　　　　　『日本語初級Ⅰ　文法説明』『日本語初級Ⅱ　文法説明』(英語版)
　　　　　『日本語初級Ⅰ　文法説明』『日本語初級Ⅱ　文法説明』(中国語版)
　　　　　『日本語初級Ⅰ　文法説明』『日本語初級Ⅱ　文法説明』(韓国語版)
　　　音声 CD

(2)文型

　一般に初級において提示される文型を網羅している。「初級Ⅰ、Ⅱ」で提出される文型は、日本語教育学会編『日本語教育事典』所載の文型表のすべて、あるいは国際交流基金編『日本語初歩』巻末所載の文型・文法項目のほとんどを拾い上げている。日本語能力試験３級の文型・文法項目を網羅していると言ってもよい。

　文型の構造や関係を考慮し、単純なものから複雑なものへと配列したが、学生生活への必要性が高いと思われるものはその限りではない。また、比較的早い時期から動詞を提出し、学習者が積極的に発話できるように配慮している。

　「文型の構造や関係」と言ったのは、例えば次のようなことである。文型には、その文型を形作る主たる要素（助詞、助動詞、補助動詞、形式名詞等）があるが、文型提示の順序は原則としてこれらの要素がいわゆる入子型構造の内側にあるものから順次取り上げていくという方針によった。

　したがって、例えば

　　「さっき　しかられた　ばかりだ　そうです。」
　　　　　　　　a　　　　　　b　　　　c

の例で言うならば、a は第33課で、b は第43課で、c は第46課でというように提示されている。

　これらの文型を各課では、私たちのコミュニケーションの中で実現されると思われる具体的で典型的なやり取り（おもに会話）の形で「文型」として示している。これは文の型とその表現意図・発想との関連が捕らえられるように示したものである。

　また、巻末には各課で扱われた文型の中で特に最低限押さえるべき基本的、抽象的な文の型を「基本文型」として示した。これらはいわば文の骨格部分であって、これにさまざまな文の要素が肉付けされて実現されるのが「文型」に示したやり取りである。この「基本文型」はインデックスとして、また既習部分の確認などに使用されたい。「基本文型」は総ルビにして掲げた。

(3)漢字・語彙

　漢字は「初級Ⅰ、Ⅱ」合わせて約550字提出した。この数は初級の教科書としては多いと思われる。それは本書が、初級用とはいえかなり知的な語彙を必要とする内容になっており、従って漢語も多くなっているからである。

　学習者は語彙の発達とともに、それを表記する文字の意識も発展していく。漢字で表記されるものは、なるべく無理なく提出することにした。これは、漢字圏からの学習者の増加と深い関連がある。他方、非漢字圏からの学習者には多少酷かとも思われるので配慮を要する。

そこで、提出は漢字漸増方式をとり、無理なく記憶・定着させるために、できるだけ関連性のある漢字を集めて配列した。本文に出現する語でなくとも、関連語の漢字として提出したものもある。提出漢字でないものにはルビを振ったが、度重なって出現する場合は後のルビは除いた。

　また、次々に押し寄せて来る漢字の波を日々乗り越えて行かれるように、さまざまの漢字教材を同時に準備し、試用してきた。それらの練習帳についても刊行に向けて改訂の作業を進めている。

　語彙の数は、助詞・助動詞を除き、「初級Ⅰ」で約1,500語、「初級Ⅱ」で約1,000語、合計約2,500語である。教科書における使用は1回限りでなく、できるだけ何回も出して使用度数を高めて定着を図っている。

　語彙索引は「初級Ⅱ」の巻末に掲げた。

(4)音声

　自習やLL練習用に音声CDを用意している。東京語を標準的発音とし、「初級Ⅰ」ではややゆっくり目に録音しているが、「初級Ⅱ」では自然なスピードに近づけてある。全ての内容が、聞き取りや正しい発音の練習に有効であるのはもちろんだが、特に会話や練習B等は繰り返し聞いて、アクセントやイントネーション等の韻律も含めて模倣練習することを学習者に義務づけたい。

　また、感嘆詞や笑い声等で微妙な感情や態度が表現されている場合がある。それらは表記上表しにくいことが多いが、音声CDには適宜取り入れられているので、そういったことにも注意を向けて聴くようにしたい。

(5)各課の構成

　各課は次のような内容から成っている。

　1）会話

　　日本語を学ぶ外国人にとって必要な、または日常的な場面や状況を想定し、自然な会話を提示している。会話にはその課の提出文型が多く盛り込まれているが、文型を盛り込むことに腐心するあまり不自然な会話とならぬようにも配慮した。挨拶や慣用的な会話表現も各課に散りばめてある。

2）文型

　その課で提出される基本的な文型（巻末に掲げた「基本文型」）を、原則として短い簡単な会話のやり取りの中に盛り込んで示したのが「文型」である。実際に行われる会話の典型的なバリエーションを示すことによって、固定的で抽象度の高い「型」としての基本文型が、その場面や表現意図・発想などとの関連で、より的確に捕らえられるように配慮したものである。

3）練習A

　文型の基本的な構造等が一目で捕らえられるように、入れ換え可能な語句を枠組みで囲って示した。語句を入れ換えて聴き・話すことによって文型の意味と構造が理解されるであろう。

4）練習B

　旧来型の文型練習である。現場の先生方の要望もあり、この種の文型練習も減らさないようにした。意味を考えずに機械的に答えられるような練習には批判が多いが、排除しきれなかったところがある。問答などで場面や会話の相手を確認するなど、必要に応じて補って頂きたい。

5）練習C

　談話における機能を重視した短い会話の練習である。ここではその課の文型にこだわらずに、会話における有用な表現が実際の場面で即座に応用できるように練習させることがねらいである。

　課によって異なるが、タスクやゲーム的な練習なども取り入れている。

6）文章

　最初は4課に、次からは3課ごとに、課の終わりに文章のコラムがある。これらはその課までに提出された文型等を使って表現できる文章の例として掲げた。読みの練習にも、また作文の参考にもなるであろう。

目　　次

第１課　　それは　わたしのです
だいいっか

山　田　「わすれものですよ。この　本は　だれのですか。」

チ　ン　「あ、　それは　わたしのです。」

山　田　「この　ボールペンも　チンさんのですか。」

チ　ン　「いいえ、ちがいます。」

リ　ー　「すみません。その　ボールペンは　わたしのです。」

山　田　「ああ、リーさんのですか。はい、どうぞ。」

リ　ー　「どうも　ありがとう　ございます。」

【ぶんけい】

1．あなたは 学生ですか。

　　　　はい、（わたしは）学生です。〈はい、そうです。〉

　　　　いいえ、学生では ありません。〈いいえ、そうでは ありません。〉

2．みなさんは 中国人ですか。

　　　　はい、（わたしたちは）中国人です。

　　あの人も 中国人ですか。

　　　　はい、（あの人も）中国人です。

　　　　いいえ、（あの人は 中国人では ありません。）あの人は 日本人です。

3．これは なんですか。

　　　　（それは）ノートです。

4．それは ペンですか、えんぴつですか。

　　　　（これは）ペンです。

5．この かばんは だれのですか。

　　　　（それは）田中さんのです。
　　　　　　　　た なか

　　あれは だれの カメラですか。

　　　　（あれは）わたしの カメラです。

6．あなたの 本は どれですか。

　　　　（わたしの 本は）これです。

3

7. どれが 田中さんの かばんですか。

　　　　これが 田中さんの かばんです。

8. どの人が アリさんですか。

　　　　あの人が アリさんです。

9. 鈴木先生は なんの 先生ですか。
　　すずき

　　　　鈴木先生は 日本語の 先生です。

【れんしゅうA】

1. わたしは | 学生 | です。
　　　　　　留学生
　　　　　　りゅうがくせい
　　　　　　別科の 学生
　　　　　　べっか
　　　　　　日本人
　　　　　　中国人

2. あなたは | リーさん | ですか。
　　　　　　チンさん
　　　　　　田中さん
　　　　　　たなか

3. あの人は | ラタナさん | では ありません。
　　　　　　鈴木先生
　　　　　　すずき
　　　　　　山田先生
　　　　　　やまだ

4

4．これは

| 本 |
| じしょ |
| ざっし |
| ノート |
| かみ |

　です。

5．この

| かばん |
| めがね |
| とけい |
| かさ |
| かぎ |

は

| わたし |
| あなた |
| リーさん |
| チンさん |
| ラタナさん |

のです。

6．これは

| わたし |
| あなた |
| リーさん |
| チンさん |
| ラタナさん |

の

| えんぴつ |
| ボールペン |
| シャープペン |
| けしゴム |
| ワープロ |

では ありません。

7．これは

| 日本語 |
| 中国語 |

の

| じしょ |
| 本 |
| ノート |
| ざっし |

です。

8. これは チンさんの じしょです。

これも 　チンさんの じしょ　 です。

【れんしゅうＢ】

1. れいのように こたえなさい。

れい：これは 本ですか。(本)

→ はい、それは 本です。

それは ざっしですか。(ノート)

→ いいえ、これは ざっしでは ありません。ノートです。

(1) それは かさですか。(かさ)

(2) これは ボールペンですか。(シャープペン)

(3) あれは ざっしですか。(じしょ)

(4) これは ワープロですか。(ワープロ)

(5) それは カメラですか。(カメラ)

(6) それは テレビですか。(ワープロ)

(7) あの人は 中国人ですか。(日本人)

(8) あの人は タイの 学生ですか。(インドネシアの 学生)

2. れいのように こたえなさい。

れい：それは 田中さんの かさですか。(山田先生の)

→ いいえ、これは 田中さんの かさでは ありません。山田先生のです。

(1) あれは 山田先生の めがねですか。(リーさんの)

6

(2) これは リーさんの かばんですか。（チンさんの）

(3) それは チンさんの とけいですか。（ラタナさんの）

(4) あれは ラタナさんの ボールペンですか。（鈴木さんの）

(5) これは 鈴木さんの かぎですか。（田中さんの）

3．れいのように かえなさい。

　れい：これは チンさんの かさです。　→　この かさは チンさんのです。

(1) これは 山田先生の じしょです。

(2) それは 田中先生の めがねです。

(3) それは リーさんの ノートです。

(4) あれは チンさんの カメラです。

(5) あれは ラタナさんの かさです。

(6) これは わたしの ボールペンです。

4．れいのように こたえなさい。

　れい１：この かさも 田中さんのですか。（田中さんの）

　　　　　→ はい、その かさも 田中さんのです。

　れい２：この かばんも 田中さんのですか。（鈴木さんの）

　　　　　→ いいえ、その かばんは 田中さんのでは ありません。鈴木さんのです。

(1) この かさも ラタナさんのですか。（ラタナさんの）

(2) その カメラも 山田先生のですか。（リーさんの）

(3) あの じしょも リーさんのですか。（リーさんの）

(4) この えんぴつも ラタナさんのですか。（鈴木さんの）

(5) その 本も 鈴木さんのですか。（鈴木さんの）

5．れいのように かえなさい。

れい：あなたの かさは どれですか。　→　どれが あなたの かさですか。

(1) チンさんの かばんは どれですか。

(2) リーさんの めがねは どれですか。

(3) 田中さんの かさは どれですか。

(4) 鈴木さんの かぎは どれですか。

(5) 山田先生は どのかたですか。

(6) 鈴木先生は どのかたですか。

6．れいのように かえなさい。

れい：どれが あなたの かさですか。　→　あなたの かさは どれですか。

(1) どれが チンさんの かばんですか。

(2) どれが リーさんの めがねですか。

(3) どれが ラタナさんの かさですか。

(4) どれが 鈴木先生の かぎですか。

(5) どのかたが 山田先生ですか。

(6) どのかたが 鈴木先生ですか。

7．れいのように かえなさい。

れい：リーさんの じしょです。　→　だれの じしょですか。

(1) 田中さんの かさです。

(2) 山田先生の かばんです。

(3) ラタナさんの シャープペンです。

8

(4) 田中さんの　カメラです。

(5) リーさんの　ざっしです。

(6) チンさんの　とけいです。

(7) キムさんの　ノートです。

(8) リーさんの　けしゴムです。

8. えを　みて　こたえなさい。

(1) これは　なんですか。

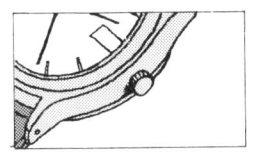

(2) これは　なんですか。

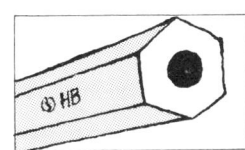

(3) これは　なんですか。

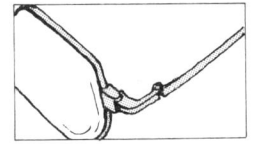

(4) これは　なんですか。

(5) これは　なんですか。

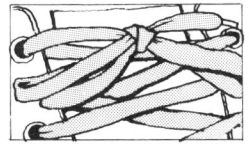

(6) これは　なんですか。

【れんしゅうC】

1. ひょうを 見て こたえなさい。

山田さん	男 <small>おとこ</small>	日本人	日本語の先生
リーさん	男	シンガポール人	別科の学生 <small>べっか</small>
田中さん	男	日本人	大学の 3 年生 <small>だいがく</small>
チンさん	男	中国人	別科の学生
ラタナさん	女 <small>おんな</small>	タイ人	大学の 4 年生

れい：チンさんは 学生ですか。

    → はい、そうです。

    田中さんは 先生ですか。

    → いいえ、そうでは ありません。大学の 3 年生です。

(1) リーさんは シンガポール人ですか。

(2) チンさんは 中国人ですか。

(3) ラタナさんは インドネシア人ですか。

(4) 田中さんは 中国人ですか。

(5) 田中さんは 先生ですか、学生ですか。

(6) ラタナさんは 男の 学生ですか、女の 学生ですか。

(7) チンさんは 別科の 学生ですか。

(8) ラタナさんも 別科の 学生ですか。

(9) 山田先生は 何の 先生ですか。

(10) シンガポールの 学生は チンさんですか、リーさんですか。

２．つぎの かいわを れんしゅう しなさい。

(1) A「わすれものですよ。この ☐☐☐☐ は だれのですか。」

　　B「あ、 ☐☐☐☐ さんのです。」

(2) A「この ☐☐☐☐ も ☐☐☐☐ さんのですか。」

　　B「いいえ、ちがいます。 ☐☐☐☐ さんのです。」

第 1 課 新出語

やまだ(山田)	この	ほん(本)
だれ(誰)	あ	チン
それ	わたし(私)	ボールペン
いいえ ちがいます(違います)	すみません	リー
ああ	はい どうぞ	どうも ありがとう ございます
その	～さん	

【ぶんけい】

あなた	がくせい(学生)	はい
はい そうです	いいえ	いいえ そうではありません
みなさん(皆さん)	ちゅうごく(中国)	～じん(人)
あの	にほん(日本)	なん(何)
ノート	えんぴつ(鉛筆)	かばん
たなか(田中)	あれ	カメラ
どれ	これ	アリ
どの	すずき(鈴木)	～せんせい(先生)
せんせい(先生)	～ご(語)	～たち
ひと(人)	ペン	

【れんしゅうＡ】

りゅうがくせい(留学生)	べっか(別科)	ラタナ
じしょ(辞書)	ざっし(雑誌)	かみ(紙)
めがね(眼鏡)	とけい(時計)	かさ(傘)
かぎ(鍵)	シャープペン	けしゴム(消しゴム)
ワープロ		

【れんしゅうＢ】

テレビ	タイ	インドネシア
でんわ(電話)	くつ(靴)	ネクタイ

【れんしゅうC】

かた(方) キム おとこ(男)
おんな(女) シンガポール だいがく(大学)
～ねんせい(年生)

第2課　　いくらですか
だい　か

てんいん　「いらっしゃいませ。」

リ　　ー　「りんごを　ください。」

てんいん　「かしこまりました。これは　一つ　二百円、それは一つ、

　　　　　百円です。」

リ　　ー　「じゃあ、その　二百円のを　四つ　ください。」

てんいん　「はい、かしこまりました。一つ、二つ、三つ、四つ、

　　　　　……八百円です。」

リ　　ー　「はい、一、二、三、四、五、六、七、八。　八百円。」

てんいん　「はい、どうも。まいど　ありがとう　ございます。」

【ぶんけい】

1．これは いくらですか。

　　　　（それは）　3000円です。

2．この みかんは いくらですか。

　　　　これは １キロ 400円です。

3．300円のを 5こ ください。

　　　　はい、かしこまりました。

【れんしゅうＡ】

1．これは　いくら　ですか。

2．これは　100円　です。
　　　　　　250円
　　　　　　310円
　　　　　　790円

3．その　りんご　は いくらですか。
　　　　　みかん
　　　　　くつした
　　　　　くつ
　　　　　ネクタイ

14

4.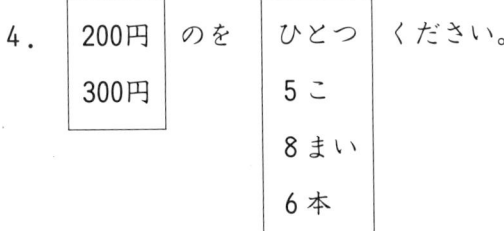

【れんしゅうＢ】

1. れいのように かえなさい。

　れい：りんごを ください。(みかん)

　　　　→ みかんを ください。

　　(1) ネクタイ　　　(5) スリッパ　　　(9) ノート

　　(2) くつした　　　(6) テープ　　　　(10) しんぶん

　　(3) ハンカチ　　　(7) ボールペン

　　(4) かさ　　　　　(8) ざっし

2. れいのように こたえなさい。

　れい：いくらですか。(100円)　→ 100円です。

　　(1) いくらですか。(280円)　　　(5) いくらですか。(370円)

　　(2) いくらですか。(629円)　　　(6) いくらですか。(897円)

　　(3) いくらですか。(1465円)　　 (7) いくらですか。(3203円)

　　(4) いくらですか。(7916円)　　 (8) いくらですか。(9521円)

15

3. れいのように こたえなさい。

れい：［その りんご］［～つ］［100円］

　　　→　その りんごは 一つ いくらですか。

　　　→　これは 一つ 100円です。

　　(1)［その ハンカチ］［～まい］［350円］

　　(2)［その 花］［～本］［250円］
　　　　　　はな

　　(3)［この さかな］［～ひき］［280円］

　　(4)［この かみ］［～まい］［100円］

　　(5)［その みかん］［～キロ］［300円］

　　(6)［この ボールペン］［～本］［450円］

　　(7)［あの ノート］［～さつ］［120円］

　　(8)［その ネクタイ］［～ほん］［1500円］

　　(9)［あの じてんしゃ］［～だい］［20500円］

　　(10)［この くつ］［～そく］［7000円］

4. れいのように こたえなさい。

れい：［ノート］を ください。いくらですか。

　　　これは ［いっさつ］［150円］です。

　　(1) テープ　130円　　　　(6) けしゴム　20円

　　(2) びんせん　250円　　　(7) ボールペン　300円

　　(3) ハンカチ　360円　　　(8) ネクタイ　1700円

　　(4) シャープペン　100円　(9) えはがき　50円

　　(5) くつした　330円　　　(10) タオル　270円

5．つぎの すうじを よみなさい。

(1) 24   (6) 119   (11) 1870

(2) 37   (7) 128   (12) 3680

(3) 54   (8) 306   (13) 10500

(4) 59   (9) 1428   (14) 13840

(5) 105   (10) 1657 (15) 19367

6．つぎの ぶんに したの ことばを いれかえなさい。

A「この えんぴつを 5本 ください。いくらですか。」
　　　①　　　②

B「100円です。」
　①

(1)　①ざっし　　　　②2 さつ　　　③380円

(2)　①ボールペン　　②3 本　　　　③300円

(3)　①Ｔシャツ　　　②1 まい　　　③1200円

(4)　①ノート　　　　②8 さつ　　　③824円

(5)　①くつした　　　②3 ぞく　　　③900円

【れんしゅうＣ】

1．れいのように かいわの れんしゅうを しなさい。

れい：店の人「いらっしゃいませ。」
　　　みせ

　　　きゃく「この りんご をください。」
　　　　　　　　　①

　　　店の人「はい、いくつ ですか。」
　　　　　　　　　　②

　　　きゃく「ええと、いつつ ください。」
　　　　　　　　　　　③

　　　店の人「はい、かしこまりました。」

17

(1) ①みかん   ②いくつ   ③やっつ

(2) ①ノート   ②なんさつ   ③3さつ

(3) ①かみ   ②なんまい   ③10まい

2．かいわの れんしゅうを しましょう。

(1) A「いらっしゃいませ。」

   B「 ☐ を ください。」

   A「これは ☐ 円、それは ☐ 円です。」

(2) A「 ☐ 円の ☐ を ☐ ください。」

   B「 ☐ 円です。まいど ありがとう ございます。」

第 2 課 新出語

てんいん(店員)	いらっしゃいませ	りんご
(〜を)ください	かしこまりました	ひとつ(一つ)
〜えん(円)	じゃあ	よっつ(四つ)
ふたつ(二つ)	みっつ(三つ)	はい どうも
まいど ありがとうございます		

【ぶんけい】

みかん	〜キロ	〜こ
いくら		

【れんしゅうA】

くつした(靴下)	〜まい(枚)	〜ほん(本)

【れんしゅうB】

ハンカチ	スリッパ	テープ
しんぶん(新聞)	はな(花)	さかな(魚)
〜ひき(匹)	〜さつ(冊)	じてんしゃ(自転車)
〜だい(台)	〜そく(足)	びんせん(便箋)
えはがき	タオル	Tシャツ

【れんしゅうＣ】

みせ(店)	きゃく(客)	いつつ(五つ)
ええと	いくつ	やっつ(八つ)

第3課　何時からですか
だい　か

チン　「リンさんは 別科の 学生ですか。」
べっか

リ　ン　「はい、そうです。」

チン　「別科の じゅぎょうは 何時からですか。」

リ　ン　「9時20分からです。」

チン　「何時までですか。」

リ　ン　「4時半までです。チンさんは 学部生ですか。」

チン　「はい、工学部の 1年生です。きょねんは 東京の日本語学校
こうがくぶ　　　　　　　　　　　　　　　とうきょう　　　　　がっこう

　　　の学生でした。」

20

【ぶんけい】

1．今、何時ですか。

　　　　　今、12時10分前です。

2．きょうは 何曜日ですか。
　　　　　なんようび

　　　　　（きょうは）水曜日です。
　　　　　　　　　　すいようび

3．きのうは やすみでしたか。

　　　　　はい、（きのうは）やすみでした。

　　　　　いいえ、（きのうは）やすみでは ありませんでした。

4．あしたは 何日ですか。

　　　　　（あしたは）二日です。

5．あなたの たんじょうびは 何月 何日ですか。

　　　　　（わたしの たんじょうびは）5月 9日です。

　　　あなたは 今年 何さいですか。

　　　　　（わたしは 今年）はたちです。

6．ぎんこうは 何時から 何時までですか。

　　　　　9時から 3時までです。

【れんしゅうA】

1. きょうは ┃ どようび ┃ です。
   2日
   4月9日

2. きのうは ┃ にちようび ┃ でした。
   やすみ
   こどもの日

3. あしたは ┃ にちようび ┃ です。
   やすみ
   4月10日

4. あの人は ┃ いくつ ┃ ですか。
   何さい

5. ┃ わたし ┃ は ┃ 19さい ┃ です。
   あの人   はたち
   リーさん 34さい

6. いま ┃ 1時 ┃ です。
   9時35分
   7時10分前

7.

ぎんこう	は	9時	から	3時
ゆうびんきょく		9時		5時
パーティー		9時半		11時20分
あの みせ		7時		9時ごろ

まCです。

【れんしゅうB】

1. れいのように こたえなさい。

れい：アリさんは なんさいですか。（18さい）

→ アリさんは 18さいです。

(1) リーさんは 何さいですか。（19さい）

(2) チンさんは 何さいですか。（21さい）

(3) ラタナさんは 何さいですか。（はたち）

(4) 田中さんは 何さいですか。（23さい）

(5) アリさんは 何さいですか。（28さい）

(6) 田中さんの おとうさんは 何さいですか。（56さい）

(7) 山田先生の おかあさんは 何さいですか。（77さい）

(8) ラタナさんの おとうさんは 何さいですか。（59さい）

2. えを 見て こたえなさい。

れい：いま 何時ですか。

　　　→ 8時です。

┌─────────────────┐
│ いま 何時ですか。 │
└─────────────────┘

(1)

(4)

(7)

(2)

(5)

(8)

(3)

(6)

(9)

3. れいのように といに こたえなさい。

れい：きょうは 2月8日です。

　　　あしたは何日ですか。

　　　→ あしたは 2月9日です。

　　　きのうは 何日でしたか。

　　　→ きのうは 2月7日でした。

(1) きょうは 4月30日です。

　　　あしたは 何日ですか。

　　　あさっては 何日ですか。

(2) きょうは 5月3日です。

　　　あしたは 何日ですか。

　　　きのうは 何日でしたか。

24

(3) きょうは　6月23日です。

　　あしたは　何日ですか。

　　きのうは　何日でしたか。

(4) きょうは　9月19日です。

　　あしたは　何日ですか。

　　あさっては　何日ですか。

(5) きょうは10月5日です。

　　あしたは　何日ですか。

　　きのうは　何日でしたか。

(6) きのうは11月6日でした。

　　きょうは　何日ですか。

　　あしたは　何日ですか。

(7) きょうは12月31日です。

　　あしたは　何日ですか。

　　あさっては　何日ですか。

(8) きょうは　月曜日です。
　　　　　げつようび

　　あしたは　何曜日ですか。
　　　　　　　なんようび

　　きのうは　何曜日でしたか。

(9) きょうは　土曜日です。
　　　　　　どようび

　　あしたは　何曜日ですか。

　　きのうは　何曜日でしたか。

4. れいのように　こたえなさい。

　れい：銀行は　何時から　何時までですか。（9時—3時）
　　　　ぎんこう

　　　→（銀行は）9時から　3時までです。

(1) ゆうびんきょくは　何時から　何時までですか。（9時—5時）

(2) しやくしょは　何時から　何時までですか。（9時—5時）

(3) あの　スーパーは　何時から　何時までですか。（7時—11時）

(4) あの　店は　何時から　何時までですか。（10時—7時）
　　　　みせ

(5) あの　人の　みせは　何時から　何時までですか。（ごご5時—11時ごろ）

(6) この　バスは　何時から　何時までですか。（6時—ごご10時）

(7) その　日本語学校は　何時から　何時までですか。（9時—12時）
　　　　　　　がっこう

(8) 今日の かいぎは 何時から 何時までですか。（ごご 4 時半—6 時）

(9) あしたの しけんは 何時から 何時までですか。（9 時20分—12 時半）

(10) あさっての パーティーは 何時から 何時までですか。（7 時—11 時）

【れんしゅうC】

1. つぎの かいわに 下の ことばを いれなさい。

学生A「今日は かいぎですね。」
　　　　　　　　　①

学生B「ええ、3 時半からです。」
　　　　　　　②

学生A「何時までですか。」

学生B「5 時半までです。」
　　　　　③

(1) ①パーティー　　　　②6 時半　　　　③10時

(2) ①かんじのテスト　　②9 時20分　　　③10時

(3) ①かいぎ　　　　　　②11時　　　　　③12時

(4) ①しけん　　　　　　②1 時半　　　　③3 時

2. カレンダーを みて、したの しつもんに こたえなさい。

| 今日は 4 月10日 火曜日です。 |
| きょう　　　　　　　　　かようび |

4 月のカレンダー						
日 にち	月 げつ	火 か	水 すい	木 もく	金 きん	土 ど
1	2	3	4	5	6	7
8	9	⑩	11	12	13	14
15	16	17	18	19	20	21
22	23	24	25	26	27	28
29	30					

(1) あしたは 何曜日ですか。

(2) あさっては 何月 何日ですか。

(3) きのうは 何曜日でしたか。

(4) おとといは 何日でしたか。

(5) あしたは 何月 何日ですか。

(6) あさっては　何曜日ですか。

(7) せんげつは　何月でしたか。

(8) らいげつは　何月ですか。

(9) さらいげつは　何月ですか。

(10) せんせんげつは　何月でしたか。

3．つぎの　しつもんに　こたえなさい。

(1) 入学しきは　何月　何日でしたか。
  にゅうがく

(2) 日本語の　しけんは　何日ですか。

(3) あなたの　たんじょうびは　何月　何日ですか。

(4) あなたの　国の　おしょうがつは　いつですか。

(5) ことしの　10月3日は　何曜日ですか。

(6) 来年の　1月1日は　何曜日ですか。
  らいねん

(7) ことしの　1月1日は　何曜日でしたか。

4．つぎの　ポスターを　みて、しつもんに　こたえなさい。

(1) としょかんの　休みは　何曜日ですか。

(2) 木曜日は　何時からですか。
  もくようび

(3) 火曜日は　何時までですか。
  かようび

(4) 水曜日も　5時までですか。
  すいようび

(5) 金曜日は　何時から　何時までですか。
  きんようび

(6) 土曜日は　何時から　何時までですか。
  どようび

(7) 日曜日は　何時から　何時までですか。
  にちようび

```
としょかんの　じかん

火～金　9：00～17：00
か　きん

土・日　9：00～19：00
ど　にち

月曜日はお休みです。
げつようび　やす

　　　　おおやまとしょかん
```

5. つぎの かいわを れんしゅうしなさい。

(1) A 「あなたは ⬚⬚⬚⬚⬚ の 学生ですか。」

　　B 「いいえ、⬚⬚⬚⬚⬚ です。」

(2) A 「⬚⬚⬚⬚⬚ は 何時からですか。」

　　B 「⬚⬚⬚⬚⬚ 時からです。」

　　A 「何時まで ですか」

　　B 「⬚⬚⬚⬚⬚ 時まで です。」

第 3 課 新出語

〜じ(〜時)	〜はん(〜半)	リン
じゅぎょう(授業)	〜ふん(〜分)	がくぶせい(学部生)
こうがくぶ(工学部)	きょねん(去年)	とうきょう(東京)
にほんごがっこう(日本語学校)		

【ぶんけい】

いま(今)	〜まえ(〜前)	きょう(今日)
〜ようび(〜曜日)	すい(水)	きのう(昨日)
やすみ(休み)	〜にち(〜日)	あした(明日)
ふつか(二日)	たんじょうび(誕生日)	ここのか(九日)
ことし(今年)	〜さい(〜歳)	はたち(二十歳)
ぎんこう(銀行)		

【れんしゅうA】

ど(土)	にち(日)	こどものひ(子供の日)
ゆうびんきょく(郵便局)	パーティー	〜ごろ(〜頃)

【れんしゅうB】

おとうさん(お父さん)	おかあさん(お母さん)	あさって(明後日)
げつ(月)	もく(木)	きょねん(去年)
しやくしょ(市役所)	スーパー	バス

【れんしゅうC】

かいぎ(会議)	しけん(試験)	ごご(午後)
かんじ(漢字)	テスト	ええ
か(火)	きん(金)	おととい
せんげつ(先月)	らいげつ(来月)	さらいげつ
せんせんげつ(先々月)	にゅうがくしき(入学式)	くに(国)
お〜	しょうがつ(正月)	らいねん(来年)
じかん(時間)	おおやまとしょかん(大山図書館)	

キム　　「ごめんください。リンさんは　いますか。」

おばさん　「しつれいですが、どなたですか。」

キム　　「韓国の　キムです。」
　　　　　かんこく

おばさん　「リンさんの　お友だちですか。」

キム　　「はい、そうです。」

おばさん　「リンさんの　へやは　2かいの　8ごうしつです。あそこに

　　　　　かいだんが　あります。」

キム　　「はい。どうも　ありがとう　ございます。」

【ぶんけい】

１．リーさんは どこに いますか。

　　〈リーさんは どこですか。〉

　　　　　　（リーさんは）　じむしつに います。

　　　　　　〈（リーさんは）じむしつです。〉

２．ゆうびんきょくは どこに ありますか。

　　〈ゆうびんきょくは どこですか。〉

　　　　　　（ゆうびんきょくは）えきの 前に あります。

　　　　　　〈（ゆうびんきょくは）えきの 前です。〉

３．あなたの 大学は どこ〈どちら〉ですか。

　　　　　　（わたしの 大学は）東海大学です。
　　　　　　　　　　　　　　　とうかいだいがく

４．そこは 何ですか。

　　　　　　（そこは）　じむしつです。

５．ここは どこですか。

　　　　　　（ここは）　町田です。
　　　　　　　　　　　まちだ

６．つくえの 上に 何が ありますか。

　　　　　　（つくえの 上に）本が あります。

　　　　　　何も ありません。

7. きってと ふうとうは どこに ありますか。

　　　きっては つくえの 上の はこの 中に あります。ふうとうは

　　　ひきだしの 中に あります。

8. へやの 中に だれが いますか。

　　　（へやの 中に）田中さんが います。

　　　だれも いません。

9. あの へやに だれか いますか。

　　　はい、います。

　だれが いますか。

　　　ジョンさんが います。

　ポンさんも いますか。

　　　いいえ、ポンさんは いません。

10. つくえの 下に 何か ありますか。

　　　いいえ、つくえの 下には 何も ありません。

【れんしゅうＡ】

1. ここは

きょうしつ
がくせいか
としょかん
しょくどう
けんきゅうしつ

です。

2.

ゆうびんきょく
ぎんこう
えき
たいいくかん
でぐち

は あそこです。

3.

東
西
南
北

は こちらです。

4. あそこに

ドア
まど
でぐち
かいだん

が あります。

33

5. あそこに ジョンさん が います。
   　　　　　 ポンさん
   　　　　　 キムさん
   　　　　　 おばさん

6. はこの 上 に かぎ が あります。
   　　　 下
   　　　 中

7. ドアの 前 に 人 が います。
   　　　 後ろ
   　　　 ちかく

8. ゆうびんきょくは えきの そば に あります。
   　　　　　　　　　 びょういんの ちかく
   　　　　　　　　　 がっこうの 前
   　　　　　　　　　 ぎんこうの となり

9. リーさんは きょうしつの 中 に います。
   　　　　　 ドアの 前
   　　　　　 田中さんの 右

10. あの へやの 中に なにか いますか。

11. あの へやの 中に │だれか│ いますか。

【れんしゅうB】

1. れいのように ことばを いれなさい。

　れい：（しょくどう）

　　　　A「すみません。しょくどうは どこですか。」

　　　　B「しょくどうは あそこです。」

　　　　A「どうも ありがとうございます。」

(1) （しょくどう）　　　　(6) （えき）

(2) （としょかん）　　　　(7) （ゆうびんきょく）

(3) （チンさんの へや）　 (8) （ぎんこう）

(4) （田中さんの へや）　 (9) （がくせいか）

(5) （でぐち）　　　　　　(10) （山田先生の けんきゅうしつ）

2. れいのように こたえなさい。

　れい：あそこは 何ですか。（じむしつ）

　　　　→あそこは じむしつです。

(1) あそこは 何ですか。（としょしつ）

(2) あそこは 何ですか。（がくせいか）

(3) あそこは 何ですか。（ロビー）

(4) あそこは 何ですか。（山田先生の けんきゅうしつ）

(5) あそこは 何ですか。（別科の きょうしつ）
　　　　　　　　　　べっか

(6) あそこは 何ですか。（たいいくかん）

3. れいのように こたえなさい。

　れい：リーさんの 大学は どこですか。(東海大学)
　　　　　　　　　　　　　　　　　　とうかい

　　　　　→ 東海大学です。

　(1) チンさんの 国は どこですか。(中国)

　(2) スラメットさんの 国は どこですか。(インドネシア)

　(3) あの人の 大学は どこですか。(東京 大学)
　　　　　　　　　　　　　　　　　　　とうきょう

　(4) あの人の 大学は どこですか。(日本大学)

　(5) 田中先生の うちは どちらですか。(新宿)
　　　　　　　　　　　　　　　　　　　　　しんじゅく

　(6) 山田先生の うちは どちらですか。(目黒)
　　　　　　　　　　　　　　　　　　　　　め ぐろ

　(7) キムさんの 国は どちらですか。(韓国)
　　　　　　　　　　　　　　　　　　　かんこく

　(8) リンさんの 国は どちらですか。(シンガポール)

　(9) あの人の かいしゃは どちらですか。(東京自動車)
　　　　　　　　　　　　　　　　　　　　とうきょうじ どうしゃ

　(10) ヤンさんの かいしゃは どちらですか。(東南電気)
　　　　　　　　　　　　　　　　　　　　とうなんでん き

4. れいのように こたえなさい。

　れい：［つくえ、上、本］ → つくえの 上に 本が あります。

　　　　［もん、前、いぬ］ → もんの 前に いぬが います。

　(1) ［川、中、さかな］　　　　　(6) ［へや、そと、いぬ］
　　　　かわ

　(2) ［テレビ、上、てがみ］　　　(7) ［まど、そば、つくえ］

　(3) ［ぎんこう、前、ゆうびんきょく］　(8) ［しやくしょ、後ろ、としょかん］

　(4) ［リーさん、となり、チンさん］　(9) ［びょういん、前、ジョンさん］

　(5) ［いす、下、くつ］　　　　　(10) ［びょういん、そば、おてら］

5. つぎの ぶんに 下の ことばを いれなさい。

リー　　　　「すみません。へやが ありますか。」

不動産屋　　「はい、あります。この アパートは えきの そばです。」
ふ どうさんや　　　　　　　　　　　　　　　　　①

リー　　　　「6じょうですね。おふろが ありますか。」
　　　　　　　②　　　　　　　③

不動産屋　　「はい、あります。」

リー　　　　「いくらですか。」

不動産屋　　「3万円です。」
　　　　　　　④

(1)　①大学　　　②4じょう半　　③トイレ　　　④5万円

(2)　①学校　　　②6じょう　　　③おしいれ　　④3万5千円
　　　がっこう

(3)　①病院　　　②4じょう半　　③おふろ　　　④4万8千円
　　　びょういん

【れんしゅうC】

1. 右の えを みて こたえなさい。

(1) つくえの 上に 何か ありますか。

(2) つくえの 下にも 何か ありますか。

(3) つくえの 上に 何と 何が ありますか。

(4) いすの 上に 何か ありますか。

(5) ねこは どこに いますか。

(6) へやの 中に だれか いますか。

(7) テープレコーダーは どこに ありますか。

(8) テレビは ドアの そばですか、まどの そばですか。

2. えを みて こたえなさい。

(1) 山田先生の となりは だれですか。

(2) 山田先生の 後ろに だれが いますか。

(3) チンさんの 前は だれですか。

(4) 田中さんは だれと だれの 間ですか。

(5) リーさんの となりは だれですか。

(6) ラタナさんの 後ろは だれですか。

3. えを みて こたえなさい。

(1) えきの 前に としょかんが ありますか。

(2) デパートの となりは なんですか。

(3) ぎんこうは どこですか。

(4) 本やは どこに ありますか。

(5) どこに スーパーが ありますか。

(6) ぎんこうと デパートの 間に 何が ありますか。

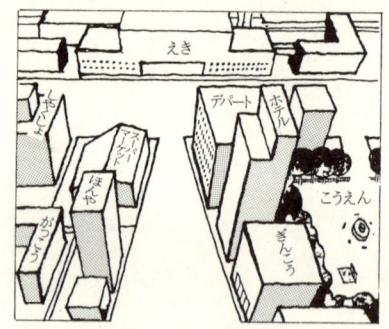

4. 下の ずをみて つぎの かいわの れんしゅうを しなさい。

2 F

201 パク	202 チン	203 ジョン	204 さとう	205 リー

3 F

301 ラタナ	302 トウ	303 リン	304 よしだ	305 ルシア

A 「ごめんください。 [＿＿＿＿＿] は いますか。」

B 「しつれいですが、どちらさまですか。」

A 「[＿＿＿＿] の [＿＿＿＿] と もうします。 [＿＿＿＿] の へやは どこですか。」

38

B「　□□□□□　かいの　□□□□□　ごうしつです。」

A「どうも　ありがとうございます。」

わたしの下宿（げしゅく）

　わたしの下宿（げしゅく）は大学の近く（ちか）にあります。部屋（へや）は6畳（ろくじょう）ひと間（ま）です。部屋（へや）の東がわと西がわに窓（まど）があります。北がわに押し入れ（おい）があります。押し入れ（おい）の中には、ふとんや、服（ふく）や、かばんなどがあります。

　つくえは南がわにあります。その左にテレビがあります。そして、右には本棚（ほんだな）があります。本棚（ほんだな）には、本や雑誌（ざっし）が70さつぐらいあります。

　家賃（やちん）は1か月（いっげつ）4万円です。このほかに食費（しょくひ）が6万円、交通費（こうつうひ）が5千円、娯楽費（ごらくひ）が4千円（よんせんえん）、本代（ほんだい）が3千円、それに雑費（ざっぴ）がやく1万円です。ですから、わたしの一か月の生活費（せいかつひ）は、だいたい12万円です。

第 4 課 新出語

おばさん	ごめんください	しつれいですが(失礼…)
どなた	かんこく(韓国)	ともだち(友だち)
へや(部屋)	〜かい(〜階)	〜ごうしつ(〜号室)
あそこ	かいだん(階段)	ある

【ぶんけい】

どこ	じむしつ(事務室)	えき(駅)
まえ(前)	どちら	とうかいだいがく(東海大学)
そこ	ここ	まちだ(町田)
つくえ(机)	うえ(上)	きって(切手)
ふうとう(封筒)	はこ(箱)	なか(中)
ひきだし(引き出し)	ジョン	ポン
した(下)		

【れんしゅうA】

きょうしつ(教室)	がくせいか(学生課)	しょくどう(食堂)
けんきゅうしつ(研究室)	たいいくかん(体育館)	でぐち(出口)
ひがし(東)	にし(西)	みなみ(南)
きた(北)	こちら	ドア
まど(窓)	うしろ(後ろ)	ちかく(近く)
そば	びょういん(病院)	がっこう(学校)
となり(隣)	みぎ(右)	

【れんしゅうB】

どうも ありがとう	としょしつ(図書室)	ロビー
スラメット	とうきょうだいがく(東京大学)	にほんだいがく(日本大学)
うち(家)	しんじゅく(新宿)	めぐろ(目黒)
かいしゃ(会社)	とうきょうじどうしゃ(東京自動車)	ヤン
とうなんでんき(東南電気)	もん(門)	いぬ(犬)
かわ(川)	てがみ(手紙)	いす(椅子)
そと(外)	てら(寺)	〜じょう(〜畳)
ふろ(風呂)	アパート	ふどうさんや(不動産屋)
トイレ	おしいれ(押入れ)	〜まん(〜万)
〜せん(〜千)		

【れんしゅうＣ】

ねこ(猫)	テープレコーダー	あいだ(間)
デパート	ほんや(本屋)	スーパーマーケット
ホテル	こうえん(公園)	どちらさま
トウ	よしだ(吉田)	ルシア
パク	さとう(佐藤)	

【ぶんしょう】

げしゅく(下宿)	〜ま(間)	ふとん(布団)
ふく(服)	〜など	ひだり(左)
そして	ほんだな(本棚)	〜ぐらい
やちん(家賃)	〜かげつ(か月)	このほかに
やく(約)	ですから	せいかつ(生活)
だいたい(大体)	しょくひ(食費)	〜ひ(費)
こうつう(交通)	ごらく(娯楽)	〜だい(代)
ざっぴ(雑費)		

第5課　　友だちの うちへ 行きました

リ　ン　「日曜日に どこかへ 行きましたか。」

リ　ー　「ええ。大磯の 友だちの うちへ 行きました。」

リ　ン　「大磯？ どこですか。」

リ　ー　「神奈川県の 南です。海で およぎました。こんど いっしょ
　　　　　に 行きませんか。」

リ　ン　「いいですね。行きましょう。 東京から どのくらい かかり
　　　　　ますか。」

リ　ー　「だいたい 1時間ぐらいです。」

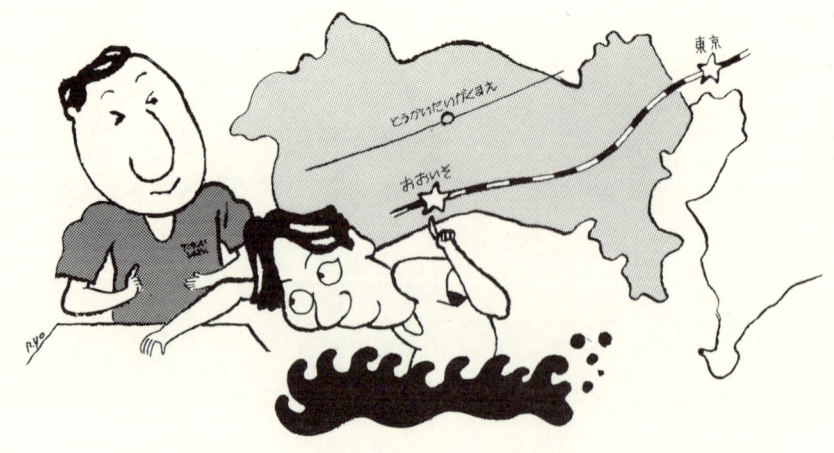

42

【ぶんけい】

1. あなたは　きのう　としょかんへ　行きましたか。

    はい、（きのう　としょかんへ）行きました。

    いいえ、きのうは　としょかんへ　行きませんでした。

2. あなたは　あした　どこへ　行きますか。

    おおさかへ　行きます。

    どこへも　行きません。

3. あなたは　いつ　日本へ　来ましたか。

    先月　来ました。

    だれと　いっしょに　来ましたか。

    友だちと　来ました。

4. あなたは　こんばん　何時に　うちへ　帰りますか。

    7時に　帰ります。

5. 東京から　名古屋まで　どのくらい　かかりますか。
    　　　　なごや

    2時間　かかります。

6. きのうの　ばん　どこに　とまりましたか。

    友だちの　うちに　とまりました。

7. あなたは　どこで　生まれましたか。

    タイの　バンコクで　生まれました。

生年月日は いつですか。

　　1971年 7月 26日です。

8. あした、わたしと いっしょに はこねへ 行きませんか。

　　いいですね。行きましょう。

【れんしゅうA】

1.

行きます	行きました
来ます	来ました
帰ります	帰りました
行きません	行きませんでした
来ません	来ませんでした
帰りません	帰りませんでした

2. わたしは

がっこう
としょかん
かいしゃ
ぎんこう
びょういん
しんじゅく

へ 行きました。

3．わたしは
友だち
ラタナさん
3クラスの　人たち
と　とうきょうへ　行きます。

4．わたしは
8時
9時半
月曜日
に　びょういんへ　行きます。

5．わたしは
あした
あさって
らいしゅう
毎日
よこはまへ　行きます。

6．わたしは　いつも　8時に
おきます。
ねます。
帰ります。

7．先生は
ホテル
いす
かいぎしつ
に
とまりました。
すわりました。
あつまりました。

8. わたしは

こうじょう	で	はたらきます。
こうえん		あそびます。
うみ		およぎます。
へや		やすみます。
きょうしつ		べんきょうします。

9. わたしは

12時半	から	1時半	まで やすみます。
3時		3時15分	
あした		5月5日	
7月3日		7月21日	

【れんしゅうB】

1. れいのように こたえなさい。

れい1：どこへ 行きますか。（ぎんこう） → ぎんこうへ 行きます。

れい2：どこへ 行きましたか。（ぎんこう） → ぎんこうへ 行きました。

(1) どこへ 行きますか。（学校）
　　　　　　　　　　　（がっこう）

(2) どこへ 行きましたか。（ゆうびんきょく）

(3) どこへ 行きますか。（たいしかん）

(4) どこへ 行きましたか。（かいしゃ）

(5) どこへ 行きますか。（びょういん）

(6) どこへ 行きましたか。（けんきゅうしつ）

(7) どこへ 行きますか。（としょかん）

　(8) どこへ　行きましたか。（本や）

　(9) どこへ　行きましたか。（デパート）

　⑽ どこへ　行きますか。（スーパー）

2．れいのように　こたえなさい。

　れい1：どこで　はたらきますか。（こうじょう）

　　　　　→　こうじょうで　はたらきます。

　れい2：何時から　何時まで　はたらきますか。（9時—5時）

　　　　　→　9時から　5時まで　はたらきます。

　(1) どこで　べんきょうしますか。（としょかん）

　(2) 何時から　何時まで　べんきょうしますか。（10時—1時）

　(3) どこで　あそびますか。（こうえん）

　(4) 何時から　何時まで　あそびますか。（3時—5時）

　(5) どこで　およぎますか。（おおいその　うみ）

　(6) 何時から　何時まで　およぎますか。（1時—3時）

　(7) どこで　やすみますか。（友だちの　うち）

　(8) 何時から　何時まで　やすみますか。（4時—6時）

3．れいのように　こたえなさい。

　れい1：まいにち　大学へ　行きますか。（はい）

　　　　　→　はい、まいにち　行きます。

　れい2：まいにち　友だちの　うちへ　行きますか。（いいえ）

　　　　　→　いいえ、まいにちは　行きません。

(1) まいにち としょかんへ 行きますか。(はい)

(2) まいにち こうえんで あそびますか。(いいえ)

(3) まいにち かいしゃへ 行きますか。(はい)

(4) まいにち がっこうへ 来ますか。(はい)

(5) まいにち しやくしょへ 行きますか。(いいえ)

(6) まいにち 友だちの うちに とまりますか。(いいえ)

4. れいのように こたえなさい。

れい1: (あした、ゆうびんきょく、午後)

　　　　あした どこかへ 行きますか。

　　　　→ はい、行きます。

　　　　どこへ 行きますか。

　　　　→ ゆうびんきょくへ 行きます。

　　　　いつ 行きますか。

　　　　→ 午後 行きます。

れい2: (あした、どこへも)

　　　　あした どこかへ 行きますか。

　　　　→ いいえ、どこへも行きません。

(1) (きょう、どこへも)

　　あした どこかへ 行きますか。

(2) (きょう、ごご、しやくしょ)

　　きょう どこかへ 行きますか。

　　どこへ 行きますか。

　　　いつ　行きますか。

　　(3)（あした、あさ、こうえん）

　　　あした　どこかへ　行きますか。

　　　どこへ　行きますか。

　　　いつ　行きますか。

　　(4)（きのう、ともだち、よる）

　　　きのう　だれか　来ましたか。

　　　だれが　来ましたか。

　　　いつ　来ましたか。

　　(5)（おととい、だれも）

　　　おととい　だれか　来ましたか。

　　(6)（日曜日に、9時ごろ、田中さん）

　　　日曜日に　だれか　来ましたか。

　　　だれが　何時ごろ　来ましたか。

【れんしゅうC】

1．つぎの　ぶんに　下の　ことばを　いれなさい。

　　キ　ム「すみません。東京から　名古屋まで　何時間　かかりますか。」
　　　　　　　　　とうきょう　①

　　旅行社「しんかんせんですね。2時間ぐらいです。」
　　りょこうしゃ　②　　　　　　　③

　　キ　ム「いくらぐらい　かかりますか。」

　　旅行社「10,380円です。」
　　　　　④

　　(1)　①よこはま　　　②でんしゃ　　　③30分　　　④500円ぐらい

　　(2)　①おおさか　　　②しんかんせん　③3時間　　　④13,500円

　　(3)　①ほっかいどう　②ひこうき　　　③1時間　　　④だいたい24,000円

49

2. ひょうを みて こたえなさい。

だ れ	いつ	どこへ	だれと
チンさん	きのう	どうぶつえん	田中さんと
リーさん	おととい	よこはま	ひとりで
ラタナさん	あした	どうぶつえん	キムさんと
スラメットさん	あさって	えいがかん	リーさんと

(1) きのう チンさんは どうぶつえんへ 行きましたか。

(2) ラタナさんも きのう どうぶつえんへ 行きましたか。

(3) リーさんは だれと よこはまへ 行きましたか。

(4) リーさんは よこはまへ きのう 行きましたか、おととい 行きましたか。

(5) ラタナさんは あした えいがかんへ 行きますか。

(6) スラメットさんは いつ えいがかんへ 行きますか。

(7) スラメットさんは だれと えいがかんへ 行きますか。

(8) チンさんは ラタナさんと いっしょに どうぶつえんへ 行きましたか。

3. かいわの れんしゅうを しなさい。

(1) A「⬚⬚⬚⬚⬚ へ いっしょに 行きませんか。」

　　B「⬚⬚⬚⬚⬚ ? どこですか。」

　　A「⬚⬚⬚⬚⬚ の [東/西/南/北] です。」

(2) A「⬚⬚⬚⬚⬚ へ いっしょに 行きませんか。」

　　B「いいですね。行きましょう。東京から どのくらい かかりますか。」

　　A「だいたい ⬚⬚⬚⬚⬚ ぐらいです。」

第 5 課 新出語

〜くらい	かかる	いく(行く)
〜じかん(〜時間)	おおいそ(大磯)	かながわけん(神奈川県)
うみ(海)	およぐ(泳ぐ)	いっしょに(一緒に)
こんど(今度)	いいですね	だいたい

【ぶんけい】

おおさか(大阪)	くる(来る)	こんばん(今晩)
かえる(帰る)	いつ	なごや(名古屋)
ばん(晩)	とまる(泊まる)	うまれる(生まれる)
バンコク	せいねんがっぴ(生年月日)	〜ねん(〜年)
はこね(箱根)		

【れんしゅうA】

らいしゅう(来週)	〜クラス	まい〜(毎〜)
まいにち(毎日)	よこはま(横浜)	いつも
おきる(起きる)	ねる(寝る)	ホテル
かいぎしつ(会議室)	あつまる(集まる)	すわる(座る)
こうじょう(工場)	はたらく(働く)	あそぶ(遊ぶ)
やすむ(休む)	べんきょう(勉強)―します	

【れんしゅうB】

たいしかん(大使館)	あさ(朝)	よる(夜)

【れんしゅうC】

しんかんせん(新幹線)	りょこうしゃ(旅行社)	ほっかいどう(北海道)
でんしゃ(電車)	ひこうき(飛行機)	どうぶつえん(動物園)
えいがかん(映画館)		

第6課　　にぎやかですね
だい　　か

リ　ー　「ずいぶん にぎやかですね。」

山　川　「あれが ゆうめいな 雷 門です。」
やま　かわ　　　　　　　　　　　　　かみなりもん

リ　ー　「ほう。あの 赤いのは 何ですか。」

山　川　「あ、あれですか。あれは ちょうちんです。」

リ　ー　「大きい ちょうちんですね。門の むこうに 小さい 店が
　　　　　　　　　　　　　　　　　　もん　　　　　　　　　　　　　みせ

　　　　たくさん ありますね。」

山　川　「あれは ぜんぶ おみやげ屋さんです。めずらしい ものが
　　　　　　　　　　　　　　　　や

　　　　いろいろ ありますよ。」

リ　　ー　「ただいま。」

げしゅくの　「あ、リーさん、おかえりなさい。おそかったですね。」
おばさん

リ　　ー　「きょう　山川さんと　浅草へ　行きましたから。」
　　　　　　　　　　　　　あさくさ

おばさん　「あら　そう。どうでした。」

リ　　ー　「ええ、とても　にぎやかでした。たのしかったです。

　　　　　あのう、これ　おみやげです。」

おばさん　「あらあら、すみません。まあ、きれいな　くし。あり

　　　　　がとう　ございます。」

【ぶんけい】

１．田中さんの　うちは　どんな　うちですか。
　　たなか

　　　　きれいな　うちです。そして、新しいです。

２．あの　人は　しんせつですか。

　　　　はい、しんせつです。

　　　　いいえ、しんせつでは　ありません。

53

3. 日本語は むずかしいですか。

　　　　　はい、むずかしいです。

　　　　　いいえ、むずかしくないです。

4. パーティーは どうでしたか。

　　　　　とても たのしかったです。

　　　　　あまり たのしくなかったです。

5. きのうは ひまでしたか。

　　　　　はい、ひまでした。

　　　　　いいえ、ひまでは ありませんでした。

6. 日本は いつごろから あつく なりますか。

　　　　　7月の はじめごろからです。

7. むかしは この 町の 交通は 不便でしたが、さいきんは 便利に なりました。
　　　　　　　まち　　こうつう

8. きょうは 土曜日ですから、ぎんこうは やすみです。

【れんしゅうA】

1. あれは | 新しい | えいがです。
　　　　　| 古い　|
　　　　　| おもしろい |

54

2．あの　えいがは
新しい
古い
おもしろい
です。

3．山川さんは
しんせつな
元気な
きれいな
ゆうめいな
人です。

4．田中さんは
しずか
ゆうめい
まじめ
です。

5．
新し	い
新し	くない
です。
古	い
古	くない
です。

しんせつ	です。
しんせつ	ではありません。

ゆうめい	です。
ゆうめい	ではありません。

6．
寒	い
寒	くない
です。
寒	かった
寒	くなかった
です。

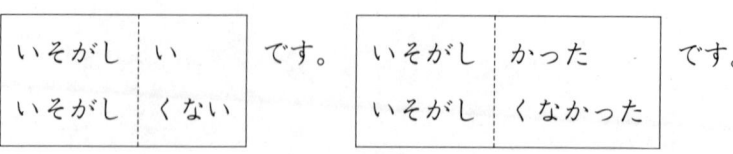

いそがし｜い　です。　　いそがし｜かった　　です。
いそがし｜くない　　　いそがし｜くなかった

7. ひま　です。　　　　　　　ひま　でした。
　　ひま　ではありません。　　ひま　ではありませんでした。

　　にぎやか　です。　　　　　　にぎやか　でした。
　　にぎやか　ではありません。　にぎやか　ではありませんでした。

8. ゆうべは　涼しかった　です。

　　　　　　寒かった
　　　　　　さむ
　　　　　　暑くなかった

9. 午後から　暑く　　なりました。

　　　　　　涼しく

10. あの　学生は　まじめ　に　なりました

　　　　　　　　　元気

　　　　　　　　　ゆうめい

11. むかしは　| 不便でした
にぎやかでした
高かったです |　が、いまは　| 便利に
さびしく
安く |　なりました。

12. | きょうは　土曜日です
浅草へ　行きました
<small>あさくさ</small> |　から、　| ぎんこうは　やすみです。
おそくなりました。 |

【れんしゅうB】

1. れいのように　かえなさい。

　　れい1：あれは　新しい　えいがです。　→　あの　えいがは　新しいです。

　　れい2：あの　えいがは　新しいです。　→　あれは　新しい　えいがです。

　　(1) これは　高い　カメラです。

　　(2) それは　古い　カメラです。

　　(3) そこは　大きい　町です。
　　　　　　　　　　まち

　　(4) あれは　高い　山です。
　　　　　　　　　やま

　　(5) あれは　便利な　かさです。

　　(6) ここは　しずかな　町です。

　　(7) この　川は　大きいです。
　　　　　　かわ

　　(8) この　かばんは　おもいです。

　　(9) あの　店は　しんせつです。
　　　　　　みせ

　　(10) あの　学校は　ゆうめいです。
　　　　　　　がっこう

　　(11) この　本は　つまらないです。
　　　　　　ほん

2. れいのように　こたえなさい。

　　れい：田中さんは　どんな　人ですか。（おもしろい）

　　　　　→　おもしろい　人です。

　　(1) スラメットさんの　国は　どんな　国ですか。（きれいです）

(2) リーさんの 国は どんな 国ですか。(暑いです)

(3) スラメットさんは どんな 人ですか。(しずかです)

(4) チンさんの 国は どんな 国ですか。(とても 大きいです)

(5) 山田先生は どんな 先生ですか。(とても しんせつです)

(6) マリアさんの へやは どんな へやですか。(ひろいです)

(7) チンさんの 車は どんな 車ですか。(小さいです)
　　　　　　くるま

(8) あの 町は どんな 町ですか。(とても にぎやかです)
　　　まち

(9) 山川さんの おとうさんは どんな 人ですか。(ゆうめいです)

(10) 別科の きょうしつは どんな きょうしつですか。(新しいです)
　　べっか

3. れいのように 「いいえ」の 文で こたえなさい。
　　　　　　　　　　　　ぶん

　れい：田中さんの へやは 大きい ですか。(小さい)

　　　　→ いいえ、大きくないです。小さいです。

(1) あなたの 国は 暑いですか。(寒い)

(2) その 本は おもしろいですか。(つまらない)

(3) あの 店は 安いですか。(高い)
　　　みせ

(4) リーさんの へやは ひろいですか。(せまい)

(5) その りょうりは おいしいですか。(まずい)

(6) 学校まで 近いですか。(遠い)
　　がっこう

(7) その かばんは おもいですか。(かるい)

(8) あの ホテルは きれいですか。(きたない)

(9) あの 人は しんせつですか。(ふしんせつ)

(10) この 町は しずかですか。(にぎやか)

4. れいのように「いいえ」の 文で こたえなさい。

　れい：きのうは 暑かったですか。

　　　　→ いいえ、きのうは 暑くなかったです。

　(1) きのうは 寒かったですか。

　(2) おとといは 涼しかったですか。

　(3) おとといは 暖かったですか。

　(4) きのうの パーティーは たのしかったですか。

　(5) 火曜日の しけんは むずかしかったですか。

　(6) 木曜日の しけんは やさしかったですか。

　(7) あの 人の りょうりは おいしかったですか。

　(8) あの 店は 安かったですか。

　(9) あの 人の おとうさんは げんきでしたか。

　(10) 金曜日の パーティーは にぎやかでしたか。

5. れいのように こたえなさい。

　れい：［この 町、しずかです、にぎやかです］

　　　　→ この 町は しずかでしたが、このごろ にぎやかに なりました。

　(1) ［あの ざっし、つまらないです、おもしろいです］

　(2) ［前、ひまです、いそがしいです］

　(3) ［この 町、不便です、便利です］

　(4) ［あの ホテル、安いです、高いです］

　(5) ［この しょくどうの りょうり、おいしいです、まずいです］

　(6) ［この 店、きたないです、きれいです］

　(7) ［日本語、へたです、じょうずです］

6. れいのように こたえなさい。

れい：今日は 火曜日です。あの 店は やすみです。

→ 今日は 火曜日ですから、あの 店は やすみです。

(1) 近くに スーパーが あります。とても 便利です。

(2) ここは えきから とおいです。とても 不便です。

(3) あそこの りょうりは まずいです。だれも たべません。

(4) 今日は 寒いです。そとで あそびません。

(5) 今日は 月曜日です。とこやは やすみです。

(6) きのうは ラタナさんの パーティーでした。とても にぎやかでした。

(7) あしたは しけんです。わたしは 今日は あそびません。

【れんしゅうC】

1. 下の えを みて、しつもんに こたえなさい。

10年前の町

今の町

(1) この 町に 川が ありますか。
まち　　かわ

(2) この 町の はしは どう なりましたか。

(3) 10年前 この 町の みちは どうでしたか。

60

(4) 10年前 この 町の たてものは どうでしたか。

(5) この 町の たてものは 今 どうですか。

(6) 今、この 町に こうえんが ありますか。

(7) 10年前 この 町に こうえんが ありましたか。

2. かいわの れんしゅうを しなさい。

A 「あの 　　　　　　 のは 何ですか。」

B 「あ、あれですか。あれは 　　　　　　 です。」

A 「その むこうに 　　　　　　 が たくさん ありますね。」

B 「あれは ぜんぶ 　　　　　　 です。」

第 6 課 新出語

ずいぶん	にぎやかな	やまかわ(山川)
ゆうめい(有名)ーな	かみなりもん(雷門)	ほう
あかい(赤い)	ちょうちん	おおきい(大きい)
むこう(向こう)	ちいさい(小さい)	たくさん
ぜんぶ(全部)	みやげや(土産屋)	めずらしい(珍しい)
もの(物)	いろいろな	ただいま
げしゅく(下宿)	おかえりなさい(お帰り…)	おそい(遅い)
あさくさ(浅草)	あら そう	どう
とても	たのしい(楽しい)	あのう
みやげ(土産)	あらあら	まあ
きれいな	ありがとう ございます	くし

【ぶんけい】

どんな	あたらしい(新しい)	しんせつ(親切)ーな
むずかしい(難しい)	あまり	ひま(暇)ーな
あつい(暑い)	なります(なる)	むかし(昔)
まち(町)	こうつう(交通)	ふべん(不便)ーな
さいきん(最近)	べんり(便利)ーな	

【れんしゅうA】

ふるい(古い)　　　　　おもしろい(面白い)　　　　えいが(映画)
げんき(元気)—な　　　しずか(静か)—な　　　　　まじめな
さむい(寒い)　　　　　いそがしい(忙しい)　　　ゆうべ(夕べ)
すずしい(涼しい)　　　へん(辺)　　　　　　　　〔値段が〕たかい(高い)
やすい(安い)

【れんしゅうB】

〔高さが〕たかい(高い)　　おもい(重い)　　　　　つまらない
マリア　　　　　　　　ひろい(広い)　　　　　くるま(車)
せまい(狭い)　　　　　りょうり(料理)　　　　おいしい
まずい　　　　　　　　ちかい(近い)　　　　　とおい(遠い)
かるい(軽い)　　　　　きたない(汚い)　　　　ふしんせつ(不親切)—な
あたたかい(暖かい)　　やさしい(易しい)　　　へた(下手)—な
じょうず(上手)—な　　とこや(床屋)

【れんしゅうC】

はし(橋)　　　　　　　みち(道)　　　　　　　たてもの(建物)

62

第7課　　月に 2、3回 行きます

チ　ン　「ゆうべ 電話しましたが いませんでしたね。」

リ　ー　「ゆうべ？ あ、ゆうべは 10時ごろまで いませんでした。

　　　　新宿で 国の 友だちと あいました。」

チ　ン　「そうですか。よく 新宿の ほうへ 出かけますか。」

リ　ー　「そうですね。 月に 2、3回 行きます。 それで、ゆうべの

　　　　ようじは……。」

チ　ン　「あ、そう。あの 宿題を もう やりましたか。」

リ　ー　「宿題？ ああ、あれですか。まだですよ。日曜日に

　　　　します。」

【ぶんけい】

1. あなたは 一日に 何時間ぐらい テレビを 見ますか。

　　　（一日に）2時間ぐらい 見ます。

2. あなたは けさ コーヒーを 飲みましたか。

　　　いいえ、コーヒーは 飲みませんでした。でも、ミルクは

　　　2はい 飲みました。

3. あなたは 何を 買いましたか。

　　　くつを 1足 買いました。
　　　　　　　そく

　　　何も 買いませんでした。

4. あなたは あした 何を しますか。

　　　新宿へ 行きます。そして、えいがを 見ます。
　　　しんじゅく

5. あなたは もう あの 本を 読みましたか。

　　　はい、もう 読みました。

　　　いいえ、まだです。

【れんしゅうA】

1.

読み ます	読み ました
読み ません	読み ませんでした
教え ます	教え ました
教え ません	教え ませんでした
し ます	し ました
し ません	し ませんでした

2. わたしは

本	を
てがみ	
ごはん	
テレビ	

読みます。
書きます。
食べます。
見ます。

3. わたしは

きょうしつ
としょかん
へや
でんしゃの 中

で 本を 読みます。

4. わたしは

あした
来週
来月
来年

くるまを 買います。

5. わたしは | きのう | あの えいがを 見ました。
　　　　　　| 先週 |
　　　　　　| 先月 |

6. たまごが | 一つ | あります。
　　　　　　| 五つ |

　　| いくつ | ありますか。

7. 学生が | ふたり | います。
　　　　　| 8人 |

　　| 何人 | いますか。

8. | 1週間 | は | 7日 | です。
　 | 1か月 | | 30日 |
　 | 1年 | | 365日 |

9. あの 学生は 1日に | 2時間 | 勉強します。
　　　　　　　　　　　| 5時間 |

　　| 何時間 | 勉強しますか。

66

【れんしゅうB】

1. れいのように こたえなさい。

れい：何を しますか。（テニス）　→ テニスを します。

何を 飲みましたか。（ミルク）　→ ミルクを 飲みました。

(1) 何を 飲みますか。（ミルク）　　　(5) 何を 買いましたか。（ざっし）

(2) 何を 飲みましたか。（コーヒー）　(6) 何を 見ましたか。（テレビ）

(3) 何を 見ましたか。（えいが）　　　(7) 何を しますか。（しゅくだい）

(4) 何を 買いますか。（シャツ）　　　(8) 何を 読みましたか。（新聞）

2. れいのように こたえなさい。

れい：けさ コーヒーを 飲みましたか。（ミルク）

→ いいえ、コーヒーは 飲みませんでした。でも、ミルクは 飲みました。

(1) けさ ごはんを 食べましたか。（やさい）

(2) けさ こうちゃを 飲みましたか。（コーヒー）

(3) きのう しょくどうで ひるごはんを 食べましたか。（ばんごはん）

(4) きのうの あさ 新聞を 読みましたか。（テレビ）

(5) けさ テレビを 見ましたか。（ラジオ）

(6) きのう そうじを しましたか。（せんたく）

(7) ゆうべ 日本語の 勉強を しましたか。（数学の 勉強）
　　　　　　　　　　　　　　　　　　　　　すうがく

3. れいのように こたえなさい。

れい：あした 何を しますか。（新宿、えいが）

→ 新宿へ 行きます。そして、えいがを 見ます。

(1) あした 何を しますか。(デパート、くつした)

(2) あした 何を しますか。(友だちの うち、ＣＤ（コンパクトディスク））

(3) あした 何を しますか。(本屋、かんじの じしょ)

(4) あした 何を しますか。(としょかん、しょうせつ)

(5) あした 何を しますか。(横浜、かいもの)

(6) あした 何を しますか。(学校、サッカー)

(7) あした 何を しますか。(新宿の デパート、くつ)

4. れいのように こたえなさい。

  れい１：もう ごはんを 食べましたか。(はい)

       → はい、もう 食べました。

  れい２：もう この本を 読みましたか。(いいえ)

       → いいえ、まだです。

(1) もう しゅくだいを しましたか。(はい)

(2) もう しゅくだいを しましたか。(いいえ)

(3) もう じしょを 買いましたか。(はい)

(4) もう あの えいがを 見ましたか。(いいえ)

(5) もう てがみを 書きましたか。(はい)

(6) もう かたかなを おぼえましたか。(はい)

(7) もう あさの コーヒーを 飲みましたか。(いいえ)

5. れいのように こたえなさい。

  れい：わたしは シャツを 買いました。

→ 何まい　買いましたか。（2）

→ 2まい　買いました。

(1) あの　へやに　学生が　います。（10）

(2) ゆうびんきょくで　はがきを　買いました。（20）

(3) あそこに　じてんしゃが　あります。（13）

(4) わたしは　日本の　うたを　おぼえました。（5）

(5) スラメットさんは　かんじを　習いました。（50）

(6) もんの　前に　いぬが　います。（3）

(7) あの　へやに　コンピュータが　あります。（10）

(8) デパートで　くつしたを　買いました。（8）

(9) つくえの　上に　えんぴつが　あります。（3）

(10) あそこに　じどうしゃが　あります。（7）

6．れいのように　つぎの　ことばで　文を　つくりなさい。

れい：（1日、何時間、テレビ、見ます）（2）

→ A「1日に　何時間ぐらい　テレビを　見ますか。」

B「2時間ぐらいです。」

(1) （1か月、何回、手紙、書きます）（2）

(2) （1日、何ばい、コーヒー、飲みますか）（3）

(3) （1か月、いくら、お金、使います）（100,000）

(4) （1年、何回、りょこう、します）（4）

(5) （1週間、いくつ、かんじ、習います）（50）

(6) （1日、何本、たばこ、すいます）（20）

【れんしゅうC】

1. ひょうを 見て こたえなさい。

きのう 友だちと いっしょに きっさてんへ 行きました。そして、つぎの 飲みものを
飲みました。

山川さん	田中さん	リンさん	ラタナさん	スラメットさん
こうちゃ	コーヒー	飲みません	ミルク	オレンジジュース

(1) 山川さんは 何を 飲みましたか。

(2) ラタナさんは ミルクを 飲みましたか。

(3) 田中さんは ミルクを 飲みましたか、コーヒーを 飲みましたか。

(4) スラメットさんは こうちゃを 飲みましたか。

(5) リンさんは 何を 飲みましたか。

2. つぎの ひょうは 田中さんの 1週間です。

この ひょうを 見て しつもんに こたえなさい。

月曜日	火曜日	水曜日	木曜日	金曜日	土曜日	日曜日
さんぽ 学校 アルバイト	学校 そうじ さんぽ	さんぽ 学校 せんたく	学校 アルバイト	さんぽ 学校 そうじ	学校 じゅうどう	さんぽ せんたく

(1) 田中さんは １週間に 何回 さんぽを しますか。

(2) 田中さんは １週間に 何回 アルバイトを しますか。

(3) 田中さんは 何曜日と 何曜日に アルバイトを しますか。

(4) 田中さんは １週間に 何回 そうじを しますか。

(5) 田中さんは 何曜日と 何曜日に そうじを しますか。

(6) 田中さんは １週間に 何回 せんたくを しますか。

(7) 田中さんは 何曜日と 何曜日に せんたくを しますか。

(8) 田中さんは 何曜日に じゅうどうを しますか。

3. かいわの れんしゅうを しなさい。

(1) A「 _____ 、電話しましたが、いませんでしたね。」

　　 B「 _____ ?　あ、 _____ は _____ 時まで いませんでした。」

(2) A「 _____ を _____ ましたか。」

　　 B「 _____ ?……ああ、あれですか。あれは まだです。」

わたしの一日

　　わたしは毎日7時に起きます。そして、8時に学校へ行きます。アパートから学校まで電車で50分ぐらいかかります。授業は9時20分に始まります。日本語は難しいですが、授業は楽しいです。先生はやさしい先生もきびしい先生もいます。昼休みは12時半から1時半までです。わたしはいつも友だちと食堂へ行きます。午後は4時半まで授業があります。いつも5時ごろアパートへ帰ります。

第 7 課 新出語

でんわ(電話)—する　　　　　〜かい(〜回)　　　　　　つき(月)
あう(会う)　　　　　　　　　そうですか　　　　　　　よく
ほう(方)　　　　　　　　　　でかける(出かける)　　　そうですね
ようじ(用事)　　　　　　　　あ そう　　　　　　　　　しゅくだい(宿題)
もう　　　　　　　　　　　　やる　　　　　　　　　　　ああ そう
まだ　　　　　　　　　　　　する　　　　　　　　　　　それで

【ぶんけい】

みる(見る)　　　　　　　　　けさ(今朝)　　　　　　　コーヒー
のむ(飲む)　　　　　　　　　でも　　　　　　　　　　　ミルク
〜はい(〜杯)　　　　　　　　かう(買う)　　　　　　　　よむ(読む)

【れんしゅうＡ】

おしえる(教える)　　　　　　たべる(食べる)　　　　　かく(書く)
ごはん(御飯)　　　　　　　　〜にん(〜人)　　　　　　せんしゅう(先週)
たまご(卵)　　　　　　　　　ふたり(二人)　　　　　　〜しゅうかん(〜週間)

【れんしゅうＢ】

テニス　　　　　　　　　　　シャツ　　　　　　　　　　やさい(野菜)
こうちゃ(紅茶)　　　　　　　ひるごはん(昼御飯)　　　ばんごはん(晩御飯)
ラジオ　　　　　　　　　　　そうじ(掃除)—します　　せんたく(洗濯)—します
すうがく(数学)　　　　　　　ＣＤ(コンパクトディスク)　しょうせつ(小説)
サッカー　　　　　　　　　　かたかな(片仮名)　　　　おぼえる(覚える)
はがき(葉書)　　　　　　　　うた(歌)　　　　　　　　ならう(習う)
コンピュータ　　　　　　　　じどうしゃ(自動車)　　　つかう(使う)
りょこう(旅行)—します　　　たばこ(煙草)　　　　　　すう(吸う)

【れんしゅうＣ】

きっさてん(喫茶店)　　　　　のみもの(飲物)　　　　　オレンジジュース
さんぽ(散歩)　　　　　　　　アルバイト　　　　　　　じゅうどう(柔道)

【ぶんしょう】

やさしい(優しい)　　　　　　きびしい(厳しい)　　　　ひるやすみ(昼休み)

第8課　　きっぷを 2まい もらいました

田　中　「リーさん、土曜日は ひまですか。」

リ　ー　「ええ、ひまです。」

田　中　「かぶきの きっぷを 2まい もらいました。いっしょに

　　　　行きませんか。」

リ　ー　「いいですね。」

田　中　「じゃあ、あとで きっぷを わたしますよ。」

リ　ー　「すみません。おねがいします。」

【ぶんけい】

1. あなたは 山田さんに 何を あげましたか。

    カセットテープを あげました。

2. あなたは だれに〈から〉 その 花を もらいましたか。
    <small>はな</small>

    鈴木さんに〈から〉 もらいました。
    <small>すずき</small>

3. あなたは だれに 日本語を 習いましたか。

    自分で 勉強しました。

4. その にもつを どこに 送りますか。

    バンコクに 送ります。

5. かぜですか。くすりを あげましょうか。

    ええ、おねがいします。

    いいえ、けっこうです。

【れんしゅうA】

1. わたしは ┌─────┐ に 本を あげました。
    │ 山田さん │
    │ 友だち │
    │ あに │
    └─────┘

    あなたは ┌───┐ に 本を あげましたか。
    │ だれ │
    └───┘

2．わたしは ┃ちち┃ に とけいを もらいました。
　　　　　　┃あね┃
　　　　　　┃あに┃

　　あなたは ┃だれ┃ に とけいを もらいましたか。

3．わたしは マリアさんに ┃じしょ┃ を ┃あげます。┃
　　　　　　　　　　　　 ┃かんじ┃ 　 ┃おしえます。┃
　　　　　　　　　　　　 ┃テープ┃ 　 ┃かします。┃

4．わたしは リンさんに〈から〉 ┃じしょ┃ を ┃もらいます。┃
　　　　　　　　　　　　　　　 ┃かんじ┃ 　 ┃ならいます。┃
　　　　　　　　　　　　　　　 ┃テープ┃ 　 ┃かります。┃

【れんしゅうＢ】

1．れいのように こたえなさい。

　　れい：山川さんは だれに 何を あげましたか。（ラタナさん、とけい）

　　　　　→ （山川さんは）ラタナさんに とけいを あげました。

　　(1) リーさんは だれに 何を あげましたか。（チンさん、日本の きって）

　　(2) キムさんは だれに 何を あげましたか。（リンさん、えいがの きっぷ）

　　(3) ジョンさんは だれに 何を かしましたか。（カルソノさん、カセットテープ）

　　(4) 田中さんは だれに 何を かしましたか。（リーさん、新宿の 地図）
　　　　　　　　　　　　　　　　　　　　　　　　　　しんじゅく

(5) キムさんは だれに 何を 教えましたか。(リンさん、韓国の うた)
<small>かんこく</small>

(6) チンさんは だれに 何を 教えましたか。(田中さん、中国の うた)

2. れいのように こたえなさい。

れい：ラタナさんは だれに 何を もらいましたか。(山川さん、とけい)

　　　→ (ラタナさんは) 山川さんに とけいを もらいました。

(1) チンさんは だれに 何を もらいましたか。(リーさん、日本の きって)

(2) リンさんは だれに 何を もらいましたか。(キムさん、えいがの きっぷ)

(3) カルソノさんは だれに 何を かりましたか。(ジョンさん、カセットテープ)

(4) リーさんは だれに 何を かりましたか。(田中さん、新宿の 地図)

(5) リンさんは だれに 何を 習いましたか。(キムさん、韓国の うた)

(6) 田中さんは だれに 何を 習いましたか。(チンさん、中国の うた)

3. れいのように こたえなさい。

れい：きのう きっぷを あげました。

　　　→ だれに あげましたか。(スラメットさん)

　　　→ スラメットさんに あげました。

(1) きのう 手紙を 書きました。(ちち)

(2) きのう こづつみを 送りました。(はは)

(3) きのう 電話を かけました。(友だち)

(4) きのう 住所を 教えました。(キムさん)

(5) きのう 東京の 地図を わたしました。(リーさん)
<small>とうきょう</small>

(6) きのう おみやげを あげました。(リンさん)

4. れいのように こたえなさい。

れい1：山川さんは ラタナさんに とけいを あげました。

→ ラタナさんは 山川さんに とけいを もらいました。

れい2：ラタナさんは 山川さんに とけいを もらいました。

→ 山川さんは ラタナさんに とけいを あげました。

(1) リンさんは 山川さんに てがみを もらいました。

(2) リーさんは 田中さんに 日本語を 習いました。

(3) キムさんは ジョンさんに 韓国の うたを 教えました。

(4) ジョンさんは リーさんに かんじの じしょを かりました。

(5) ラタナさんは チンさんに 中国の うたを 習いました。

(6) リーさんは ジョンさんに かんじを 教えました。

(7) チンさんは スラメットさんに 中国の にんぎょうを あげました。

(8) ジョンさんは キムさんに お金を 1000円 かしました。

5. れいのように かいわを つくりなさい。

れい1： ［すこし暑いです。］（まどを あけます）（ええ）

→ A「まどを あけましょうか。」

B「ええ、おねがいします。」

れい2： ［すこし暑いです。］（まどを あけます）（いいえ）

→ A「まどを あけましょうか。」

B「いいえ、けっこうです。」

(1) ［すこし 寒いです。］（まどを しめます）（ええ）

(2) ［すこし うるさいです。］（テレビを けします）（いいえ）

(3) ［へやが きたないです。］（そうじを します）（いいえ）

(4) ［へやが くらいです。］（電気を つけます）（ええ）

(5) ［あたまが いたいです。］（くすりを あげます）（ええ）

(6) ［コーヒーを 飲みます。］（さとうを いれます）（いいえ）

【れんしゅうC】

１．かいわの れんしゅうを しなさい。

(1) A 「［＿＿＿＿＿＿］さん。［＿＿＿＿＿＿＿＿＿］は いりませんか。

　　　　［＿＿＿＿＿＿＿＿＿＿＿＿］から、［＿＿＿＿＿＿］あげますよ。」

　　B 「そうですか、どうも ありがとう。」

(2) A 「何の きっぷですか。」

　　B 「［＿＿＿＿＿＿＿＿］です。」

　　A 「ああ、いいですね。」

２．つぎの 文を よんで、あとの しつもんに こたえなさい。

　今日は タンさんの たんじょうびです。マリアさんと リンさんと トウさんは５時ご
ろ タンさんの うちへ 行きました。

マリア 「タンさん おたんじょうび おめでとう ございます。これは わたしの プレゼ
　　　　ントです。どうぞ。」

タ　ン 「きれいな 花ですね。」

リ　ン 「わたしの プレゼントは これです。」

タ　ン 「あ、ビートルズの ＣＤですね。うれしい！」

ト　ウ 「すみません。わたし……プレゼントが ありません。……でも、こんばん おい
　　　　しい りょうりを つくりますから……。」

---

(1) こんばん タンさんの うちに 何人の 人が あつまりましたか。

(2) タンさんは マリアさんから 何を もらいましたか。

(3) リンさんは 何を あげましたか。

(4) トウさんも タンさんに 何か あげましたか。

(5) トウさんは こんばん 何を しますか。

第 8 課　新出語

きっぷ(切符)	もらう	かぶき(歌舞伎)
あとで(後で)	わたす(渡す)	おねがいします(お願い…)

【ぶんけい】

カセットテープ	じぶん(自分)	にもつ(荷物)
おくる(送る)	かぜ(風邪)	くすり(薬)
いいえ けっこうです(結構…)	あげる(上げる)	

【れんしゅうA】

あに(兄)	ちち(父)	あね(姉)
かす(貸す)	かりる(借りる)	

【れんしゅうB】

カルソノ	ちず(地図)	こづつみ(小包)
はは(母)	〔電話を〕かける	じゅうしょ(住所)
でんわばんごう(電話番号)	にんぎょう(人形)	すこし(少し)
あける(開ける)	しめる(閉める)	けす(消す)
つける	でんき(電気)	くらい(暗い)
あたま(頭)	いたい(痛い)	さとう(砂糖)
いれる(入れる)	うるさい	

【れんしゅうC】

いる(要る)	タン	おたんじょうび おめでとう ございます(お誕生日…)
プレゼント	どうぞ	ビートルズ
うれしい	つくる(作る)	

79

第９課　　しゅっちょうで　来ました

リン　　　「あのう、ガンジーさんじゃ　ありませんか。」

ガンジー　「やあ、リンさん、しばらくです。」

リン　　　「いつ　こちらへ。」

ガンジー　「きのうの　ゆうがたです。」

リン　　　「おしごとで。」

ガンジー　「ええ、しゅっちょうで。」

リン　　　「そうですか。で、いつまで　こちらに。」

ガンジー　「あさってまで。」

リン　　　「こんばん　ひまですか。」

ガンジー　「ええ、とくに　よていは　ありません。」

リン　　　「じゃあ、いっしょに　しょくじに　行きませんか。」

ガンジー　「ええ、いいですね。行きましょう。」

あのう、ガンジーさん
じゃありませんか?

【ぶんけい】

1．日本語で ろんぶんを 書きますか。

　　　　いいえ、英語で 書きます。

2．しごとで 日本へ 来ましたか。

　　　　いいえ、かんこうです。

3．日本の さけは 何で 作りますか。

　　　　こめで 作ります。

4．いつ 日本に 着きましたか。

　　　　けさ 6時に 着きました。

5．JL673 便は 何時に 成田空港を 出発しますか。
　　　　　　　　　 なりたくうこう

　　　　午前 10時に 出発します。

6．上野へ 何を しに 行きますか。
　　うえの

　　　　友だちに 会いに 行きます。

7．日本へ 何の べんきょうに 来ましたか。

　　　　コンピュータの べんきょうに 来ました。

【れんしゅうA】

1. | 英語 | で | 作文 | を 書きます。 |
   |---|---|---|---|
   | 日本語 | | 手紙 | |
   | 中国語 | | レポート | |

2. | たまご | で | りょうり | を つくります。 |
   |---|---|---|---|
   | こめ | | さけ | |
   | 紙 | | おもちゃ | |

3. | きょうしつ | に | 入ります。 |
   |---|---|---|
   | バス | | 乗ります。 |
   | 成田
なりた | | 着きます。 |

4. | きょうしつ | を | 出ます。 |
   |---|---|---|
   | バス | | 降ります。 |
   | 成田
なりた | | 出発します。 |

5. わたしは としょかんへ

本を	読み	に 行きます。
本を	かえし	
ざっしを	かり	
	勉強し	

6. あなたは　としょかんへ　┌何を　し┐　に　行きますか。

7. わたしは　日本へ

| りょこう |
| かんこう |
| コンピュータの　勉強 |
| 古いたてものの　見学 |

に　来ました。

【れんしゅうB】

1. れいのように　こたえなさい。

れい：リーさんは　何で　字を　書きますか。（えんぴつ）

→　リーさんは　えんぴつで　字を　書きます。

(1) リンさんは　何で　字を　書きますか。（シャープペン）

(2) ラタナさんは　何で　やさいを　切りますか。（このナイフ）

(3) 山田先生は　何で　学校へ　来ますか。（電車）

(4) リーさんは　何で　紙を　切りますか。（はさみ）

(5) 先生は　何で　字を　書きますか。（チョーク）

(6) チンさんは　何で　これを　作りましたか。（かわ）

2. れいのように　こたえなさい。

れい：リーさんは　何語で　話しますか。（英語）

→　リーさんは　英語で　話します。

(1) リンさんは　何語で　手紙を　書きますか。（中国語）

(2) ラタナさんは 何語で ろんぶんを 書きますか。(日本語)

(3) 山田先生は 何語で せつめいしましたか。(英語)

(4) リーさんは いま 何語で しつもんしましたか。(フランス語)

(5) 先生は いま 何語で こたえましたか。(スペイン語)

(6) ラタナさんと リーさんは 何語で 話しますか。(タイ語)

3. れいのように こたえなさい。

れい：フランスですか。(しごと) → はい、しごとで フランスへ 行きます。

(1) 大阪ですか。(しゅっちょう)　　　(4) フランスですか。(しゅっちょう)
　　おおさか
(2) 北海道ですか。(けんしゅうりょこう)　(5) 京都ですか。(しごと)
　　ほっかいどう　　　　　　　　　　　　　　きょうと
(3) 中国ですか。(しごと)　　　　　　(6) アメリカですか。(しゅっちょう)

4. れいのように こたえなさい。

れい：［ビール、むぎ］ → ビールは むぎで 作ります。

(1)［さけ、こめ］

(2)［パン、こむぎこ］

(3)［とうふ、だいず］

(4)［ジャム、くだもの］

(5)［アイスクリーム、たまごと ぎゅうにゅう］

(6)［この りょうり、やさいと にくと たまご］

(7)［日本の しょうゆ、だいず］

5. れいのように こたえなさい。

　　れい：紙が あります。　何を 作りますか。（ひこうき）

　　　　　→ この紙で ひこうきを 作ります。

　　(1) 木が あります。　何を 作りますか。（はこ）

　　(2) 紙が あります。　何を 作りますか。（ふうとう）

　　(3) プラスチックが あります。　何を 作りますか。（おもちゃ）

　　(4) わゴムが あります。　何を 作りますか。（パチンコ）

　　(5) たけが あります。　何を 作りますか。（はし）

　　(6) 紙が あります。　何を 作りますか。（にんぎょう）

　　(7) たけが あります。　何を 作りますか。（ひこうき）

　　(8) かわが あります。　何を 作りますか。（さいふ）

6. れいのように こたえなさい。

　　れい1：（きょうしつ）→ きょうしつに 入ります／きょうしつを 出ます。

　　　　2：（バス）→ バスに 乗ります／バスを 降ります。

　　　　3：（成田）→ 成田に 着きます／成田を 出発します。
　　　　　　なりた　　　なりた

　　(1) おふろ　　　　(4) 大学　　　　(7) みせ　　　　(10) とうきょうえき

　　(2) へや　　　　　(5) しんじゅく　(8) ふね　　　　(11) としょかん

　　(3) ひこうき　　　(6) でんしゃ　　(9) レストラン　(12) おおさかえき

7. れいのように こたえなさい。

　　れい1：どこで バスに 乗りますか。（南門）→ 南門で バスに 乗ります。
　　　　　　　　　　　　　　　　　　もん

　　れい2：何時に 着きますか。（午後 4時）→ 午後 4時に 着きます。

(1) どこで バスを 降りますか。(学校の 前)

(2) どこで 電車に 乗りますか。(しんじゅく)

(3) どこで 電車を 降りますか。(とうきょうえき)

(4) 何時に 出発しますか。(朝 7時)

(5) 何時に 着きますか。(夜 10時)

(6) どこで ひこうきに 乗りますか。(なりた)

(7) どこで ひこうきを 降りますか。(シャンハイ)

8. れいのように こたえなさい。

れい：どこへ こめを 買いに 行きますか。(あの みせ)

　　　→ あの みせへ 買いに 行きます。

(1) どこへ カメラを 買いに 行きますか。(しんじゅく)

(2) どこへ テレビを 買いに 行きますか。(あきはばら)

(3) どこへ シャツを 買いに 行きますか。(スーパー)

(4) どこへ しんかんせんの きっぷを 買いに 行きますか。(大きい えき)

(5) どこへ やさいを 買いに 行きますか。(あの やおや)

【れんしゅうC】

1. つぎの 会話を れんしゅうしなさい。

(1) A「あのう、□□□□ さんじゃ ありませんか。」

　　B「やあ、□□□□ さん しばらくです。」

(2) A 「　　　　　　　ひまですか。」

　　B 「ええ、とくに よていは ありません。」

　　A 「じゃあ、いっしょに 　　　　　　　　ませんか。」

　　B 「ええ、いいですね。　　　　　　　ましょう。」

第 9 課 新出語

ガンジー	しばらく	〜じゃありませんか
やあ	しごと(仕事)	ゆうがた(夕方)
しゅっちょう(出張)—します	とくに(特に)	よてい(予定)
しょくじ(食事)		

【ぶんけい】

ろんぶん(論文)	えいご(英語)	かんこう(観光)
さけ(酒)	こめ(米)	つく (着く)
JL673びん(…便)	なりたくうこう(成田空港)	しゅっぱつ(出発)—します
ごぜん(午前)	うえの(上野)	

【れんしゅうA】

レポート	さくぶん(作文)	おもちゃ(玩具)
なりた(成田)	はいる(入る)	のる(乗る)
でる(出る)	おりる(降りる)	かえす(返す)
けんがく(見学)		

【れんしゅうB】

じ(字)	きる(切る)	ナイフ
はさみ	チョーク	かわ(革)
せつめい(説明)—します	しつもん(質問)—します	はなす(話す)
フランス	こたえる(答える)	スペイン
けんしゅうりょこう(研修旅行)	きょうと(京都)	アメリカ
ビール	むぎ(麦)	パン
こむぎこ(小麦粉)	ジャム	くだもの(果物)
とうふ(豆腐)	だいず(大豆)	アイスクリーム
ぎゅうにゅう(牛乳)	にく(肉)	しょうゆ(醤油)

き（木）　　　　　　　プラスチック　　　　　わゴム（輪ゴム）
パチンコ　　　　　　　たけ（竹）　　　　　　はし（箸）
さいふ（財布）　　　　ふね（船）　　　　　　レストラン
シャンハイ（上海）　　やおや（八百屋）　　　あきはばら（秋葉原）

第10課　　スポーツは サッカーが さかんです

リ　ー　「日本人は やきゅうが 好きですね。」

グエン　「ええ、ほんとうに。テレビも しんぶんも やきゅうの

　　　　　ニュースが おおいですね。」

リ　ー　「グエンさんは やきゅうを 見ますか。」

グエン　「いいえ、あまり……。わたしの 国では やきゅうを

　　　　　しませんから、ルールが わかりません。」

リ　ー　「グエンさんの 国では 何が さかんですか。」

グエン　「スポーツは サッカーが さかんです。」

リ　ー　「わたしの 国でも そうです。サッカーは 人気が あります。」

【文型】
ぶんけい

1. この ラジオは スピーカーが 大きいですね。

       ええ、でも、音が そんなに よくないですよ。

2. あなたは 兄弟が ありますか。

       はい、あります。

  何人 ありますか。

       5人 です。

3. あなたは 日本語が よく わかりますか。

       はい、よく わかります。

       はい、だいたい わかります。

       いいえ、すこししか わかりません。

       いいえ、ぜんぜん わかりません。

4. あなたは くるまの うんてんが できますか。

       はい、できます。

       いいえ、できません。

【練習Ａ】
れんしゅう

1. この　テープレコーダーは

音
色
デザイン

が　いいです。

2. わたしは

兄弟
弟
子ども

が　あります。

3. わたしは

兄弟
妹

が

五人
二人

あります。

あなたは　兄弟が　│何人│　ありますか。

4. わたしは

日本語
英語
スペイン語

が　わかります。

5. わたしは　日本語が

よく
だいたい

わかります。

91

わたしは 日本語が ┌─────────┐ わかりません。
　　　　　　　　　　│ すこししか │
　　　　　　　　　　│ ぜんぜん　 │
　　　　　　　　　　└─────────┘

【練習 B】

1. 例のように つぎの ことばで 文を 作りなさい。

　例１： ［ぞう、はな、ながい］ → ぞうは はなが ながいです。

　例２： ［あたま、わたし、いたい］ → わたしは あたまが いたいです。

　(1) ［あの人、字、きれい］　　　　(7) ［新しい、この みせ、しなもの］

　(2) ［わたし、は、いたい］　　　　(8) ［あの人、声、きれい］

　(3) ［こえ、大きい、山田先生］　　(9) ［ラタナさん、きれい、は］

　(4) ［この ステレオ、いい、音］　(10) ［いい、音、この ラジオ］

　(5) ［わたし、のど、いたい］　　　(11) ［ながい、あし、田中さん］

　(6) ［からだ、大きい、おすもうさん］(12) ［ねだん、あの ホテル、安い］

2. 例のように 答えなさい。

　例：弟さんが ありますか。（１）

　　　→ ええ、ひとり あります。

　(1) 妹さんが ありますか。（２）

　(2) お姉さんが ありますか。（３）

　(3) お兄さんが ありますか。（１）

　(4) 弟さんが ありますか。（４）

　(5) 友だちが ありますか。（６、７）

３．例のように　答えなさい。

　　例：スポーツは　何が　できますか。（テニス）

　　　　→　テニスが　できます。

　　(1) 外国語は　何が　できますか。（英語）

　　(2) スポーツは　何が　できますか。（すいえいとテニス）

　　(3) がっきは　何が　できますか。（ギター）

　　(4) 外国語は　何が　できますか。（インドネシア語）

　　(5) スポーツは　何が　できますか。（スキー）

　　(6) がっきは　何が　できますか。（ピアノ）

４．例のように　答えなさい。

　　例１：日本語が　わかりますか。（よく）　→　ええ、よく　わかります。

　　例２：日本語が　わかりますか。（あまり）　→　いいえ、あまり　わかりません。

　　(1) 日本語が　わかりますか。（よく）

　　(2) 中国語が　わかりますか。（だいたい）

　　(3) 日本語が　わかりますか。（あまり）

　　(4) 韓国語が　わかりますか。（すこし）

　　(5) インドネシア語が　わかりますか。（すこししか）

　　(6) タイ語が　わかりますか。（ぜんぜん）

　　(7) テレビの　ニュースが　わかりますか。（よく）

　　(8) テレビドラマが　わかりますか。（すこし）

　　(9) えきの　アナウンスが　わかりますか。（だいたい）

　　(10) 先生の　話が　よく　わかりますか。（あまり）

【練習C】

1. つぎの 会話の 練習を しなさい。

    1 A「日本では ☐☐☐☐ が さかんですね。」

      B「ええ、☐☐☐☐ が おおいですね。」

    2 A「☐☐☐ は 何が すきですか。」

      B「☐☐☐ です。」

2. つぎの 表は キムさんの 今週の スケジュールです。今日は 火曜日です。表を 見て 質問に 答えなさい。

月曜日	火曜日	水曜日	木曜日	金曜日	土曜日
じゅぎょう 数学テスト すうがく	じゅぎょう	じゅぎょう 漢字テスト かんじ 研究会 けんきゅうかい	じゅぎょう	じゅぎょう 留学生会議 りゅうがくせいかいぎ	じゅぎょう パーティー

(1) 毎日 じゅぎょうが ありますか。

(2) 数学の テストは もう ありましたか。
   すうがく

(3) 漢字の テストは もう ありましたか。
   かんじ

(4) いつ 研究会が ありますか。
   けんきゅうかい

(5) 金曜日には 何が ありますか。

(6) パーティーは いつ ありますか。

94

アルバイト

　　日本は物価が高いです。学生の生活もたいへんです。わたしは今
　　　　ぶっか　　　　　　　　　　せいかつ

月のはじめからアルバイトを始めました。まだ日本語がよくわかり
　　　　　　　　　　　　　　　　はじ

ませんから、簡単な仕事しかできません。週に２回、レストランで
　　　　　　　かんたん　　しごと　　　　　　　　　かい

働きます。仕事は６時から10時までです。７時半ごろから９時ごろ
はたら　　　しごと

が忙しいです。給料は月末にもらいます。月末までまだ２週間あり
　いそが　　　　きゅうりょう　げつまつ　　　　　げつまつ

ます。

　　店でもよく日本語を習います。店の人はみんな日本語の先生です。
　　みせ　　　　　　　　　　　　みせ

第 10 課　新出語

スポーツ	さかんな(盛んな)	やきゅう(野球)
グエン	ええ　ほんとうに(本当に)	ニュース
おおい(多い)	いいえ　あまり…	ルール
わかる(分かる)	そう	にんき(人気)

【文型】

スピーカー	おと(音)	そんなに
きょうだい(兄弟)	しか	ぜんぜん(全然)
くるま(車)	うんてん(運転)―する	できる
よく(よくない)		

【練習Ａ】

いろ(色)	デザイン	いい
おとうと(弟)	こども(子供)	いもうと(妹)

【練習Ｂ】

ぞう(像)	はな(鼻)	ながい(長い)
ひとり(一人)	は(歯)	こえ(声)
ステレオ	のど(喉)	おすもうさん(お相撲さん)
からだ(体)	しなもの(品物)	あし(足)

ねだん(値段)　　　　　　おねえさん(お姉さん)　　　　おにいさん(お兄さん)
がいこく(外国)　　　　　　すいえい(水泳)　　　　　　　がっき(楽器)
ギター　　　　　　　　　　スキー　　　　　　　　　　　ピアノ
テレビドラマ　　　　　　　アナウンス　　　　　　　　　はなし(話)
【練習C】
けんきゅうかい(研究会)
【文章】
ぶっか(物価)　　　　　　　たいへん(大変)―な　　　　　こんげつ(今月)
かんたん(簡単)―な　　　　きゅうりょう(給料)　　　　　げつまつ(月末)

第11課　　旅行が したいです

鈴　木　「リーさんは 何が いちばん ほしいですか。」
　すず　き

リ　ー　「自動車が ほしいです。そして、日本の いろいろなところを

　　　　　自動車で 旅行したいです。」

鈴　木　「マリアさんは 何が ほしいですか。」

マリア　「お金と 時間が ほしいですね。わたしも 旅行が 大すき

　　　　　ですから。」

鈴　木　「そうですか。いつか みんなで いっしょに 旅行したい

　　　　　ですね。」

【文型】
ぶんけい

1. あなたは すしが すきですか。

　　　　いいえ、すしは すきでは ありません。

　　てんぷらは どうですか。

　　　　てんぷらは すきです。

2. あなたは どんな カメラが ほしいですか。

　　　　小さい カメラが ほしいです。

3. 来週の 日曜日に 何が 〈を〉 したいですか。

　　　　えいがが 〈を〉 見たいです。

4. どうして 田中さんは 旅行に 行きませんでしたか。

　　　　病気でしたから (行きませんでした)。

【練習A】
れんしゅう

1. わたしは
コーヒー
中国りょうり
旅行
やきゅう
が すきです。

　　あなたは 何 が すきですか。

98

2．わたしは ┌─────────┐ が　ほしいです。
　　　　　　│ 自動車　　│
　　　　　　│ ひま　　　│
　　　　　　│ お金　　　│
　　　　　　│ いい友だち │
　　　　　　│ 新しいカメラ│
　　　　　　└─────────┘

　　　あなたは │ 何 │ が　ほしいですか。

3．

	～たいです	～たくないです (ありません)
飲みます	飲みたいです	飲みたくないです (ありません)
帰ります	帰りたいです	帰りたくないです (ありません)
あげます	あげたいです	あげたくないです (ありません)
見ます	見たいです	見たくないです (ありません)
します	したいです	したくないです (ありません)
勉強します	勉強したいです	勉強したくないです (ありません)
来ます	来たいです	来たくないです (ありません)

4. わたしは ｜おちゃ｜ が 飲みたいです。

コーヒー

水

こうちゃ

スープ

あなたは ｜何｜ が 飲みたいですか。

5. ｜しごとが あります｜ から、行きません。

きっぷが ありません

あたまが いたいです

天気が わるいです

気分が よくないです

病気です

【練習Ｂ】
れんしゅう

１. 例のように 文を 作りなさい。
　　れい　　　　　　　ぶん　つく

例： ［コーヒー］

　　→ わたしは コーヒーが すきです。

　　→ わたしは コーヒーが きらいです。

(1) ［ドラマ］　　　　(4) ［タバコ］　　　　(7) ［チョコレート］

(2) ［ちゅうしゃ］　　(5) ［ひこうき］　　　(8) ［おんがく］

(3) ［旅行］　　　　　(6) ［えいが］　　　　(9) ［あまい もの］

２．例のように　答えなさい。

例：あなたは　すしが　すきですか。

　　　→　いいえ、すしは　すきでは　ありません。

　　　てんぷらは　どうですか。

　　　→　てんぷらは　すきです。

(1) あなたは　やきゅうが　すきですか。

　　　テニスは　どうですか。

(2) みかんが　すきですか。

　　　バナナは　どうですか。

(3) あなたは　ウイスキーが　すきですか。

　　　ビールは　どうですか。

(4) あなたは　すうがくが　すきですか。

　　　れきしは　どうですか。

(5) 日本の　おちゃが　すきですか。

　　　こうちゃは　どうですか。

(6) かぶきが　すきですか。

　　　えいがは　どうですか。

３．例のように　答えなさい。

例：何が　ほしいですか。（うち）

　　　→　うちが　ほしいです。

　　　どんな　うちが　ほしいですか。（大きい）

　　　→　大きい　うちが　ほしいです。

101

(1) 何が ほしいですか。(コート)

　　どんな コートが ほしいですか。(くろい)

(2) 何が ほしいですか。(つくえ)

　　どんな つくえが ほしいですか。(大きい)

(3) 何が ほしいですか。(シャツ)

　　どんな シャツが ほしいですか。(しろい)

(4) 何が ほしいですか。(かばん)

　　どんな かばんが ほしいですか。(かるい)

(5) 何が ほしいですか。(コンピュータ)

　　どんな コンピュータが ほしいですか。(新しい)

(6) 何が ほしいですか。(友だち)

　　どんな 友だちが ほしいですか。(日本人)

4. 例のように こたえなさい。

　例：あなたは よく コーヒーを 飲みますね。

　　　→ ええ、わたしは コーヒーが 大すきですから。

(1) あなたは よく えいがを 見ますね。

(2) あなたは よく 旅行を しますね。

(3) あなたは よく ダンスを しますね。

(4) あなたは よく りんごを 食べますね。

(5) あなたは よく 横浜へ 行きますね。

(6) あなたは よく 勉強を しますね。

５．例のように 文を 作りなさい。

例：［見ます、えいが、来週の 日曜日］

　　　→ 来週の 日曜日に えいがを 見たいです。

(1)［友だち、テニス、あしたします］

(2)［今、おんがく、聞きます］

(3)［車の うんてん、来年、習います］

(4)［今晩、おいしい りょうり、作ります］
　　こんばん

(5)［夏休み、四国、旅行します］
　　　　しこく

(6)［手紙、午後、書きます］

(7)［鎌倉、来週の 日曜日、行きます］
　　かまくら

(8)［こんどの 土曜日、友だち、会います］

６．例のように 文を 作りなさい。

例：学校を 休みます。（あたまが いたいです。）
　　がっこう

　　　→ あたまが いたいですから、学校を 休みます。

(1) 学校を 休みます。（かぜを ひきました。）

(2) 学校を 休みます。（ねつが あります。）

(3) 学校を 休みます。（おなかが いたいです。）

(4) 買いません。（お金が ありません。）

(5) すきです。（しんせつです。）

(6) すきです。（おもしろいです。）

(7) うれしいです。（友だちが 来週 来ます。）

(8) うれしいです。（友だちと いっしょに 旅行します。）

(9) 日本語を 勉強します。（ひつようです。）

(10) 日本語を 勉強します。（大学で つかいます。）

7. 例のように しつもんと 答えを 作りなさい。

　例：食べません。

　　　→ どうして 食べませんか。

　　　（おなかが いたいです。）

　　　→ おなかが いたいですから、食べません。

　(1) テレビを 見ません。

　　　（いそがしいです。）

　(2) 出かけませんでした。

　　　（雨でした。）

　(3) あしたは あの デパートは お休みです。

　　　（火曜日です。）

　(4) おさけを のみません。

　　　（うんてんします。）

　(5) タクシーで 行きます。

　　　（時間が ありません。）

　(6) じゅぎょうに おくれました。

　　　（あさねぼうしました。）

【練習C】
れんしゅう

1．となりの　人に　聞きなさい。

　(1) どんな　りょうりが　すきですか。

　(2) どんな　テレビの　ばんぐみが　すきですか。

　(3) どんな　スポーツが　すきですか。

　(4) どんな　おんがくが　すきですか。

　(5) どんな　色が　すきですか。

　(6) 何曜日が　すきですか。

　(7) 子どもの　とき　どんな　食べものが　すきでしたか。

　(8) 高校生の　とき　どんな　かもくが　すきでしたか。
　　　こうこうせい

2．次の　会話を　れんしゅうしなさい。

　(1) A「今、何か　ほしい　ものが　ありますか。」

　　　B「ええ、［　　　　　］を　買いたいです。」

　　　A「［　　　　　］？　［　　　　　］でしょう。」

　　　B「前は　とても　［　　　　　　　］です。でも、今は　［　　　　　　　　］です。」

　(2) A「今、だれか　会いたい　人が　ありますか。」

　　　B「ええ。」

　　　A「［　　　　　　］ですか。」

　　　B「いいえ、まだ　［　　　　　］は　いません。今　いちばん　会いたい　人は　［　　　　　　　　　］

　　　　です。」

　(3) A「あなたは　何が　ほしいですか。」

　　　B「［　　　　　　］が　ほしいですね。［　　　　　　　　］ですから。」

第11課 新出語

いちばん(一番)	ほしい(欲しい)	ところ(所)
だいすき(大好き)—な	いつか	

【文型】

すし(寿司)	てんぷら	どうして
びょうき(病気)		

【練習A】

りょうり(料理)	スープ	みず(水)
ちゃ(茶)	てんき(天気)	わるい(悪い)
きぶん(気分)		

【練習B】

きらい(嫌い)—な	ドラマ	ちゅうしゃ(注射)
チョコレート	おんがく(音楽)	あまい(甘い)
バナナ	ウイスキー	れきし(歴史)
コート	くろい(黒い)	しろい(白い)
きく(聞く)	なつやすみ(夏休み)	しこく(四国)
〔風邪を〕ひく	ねつ(熱)	おなか(お腹)
ひつよう(必要)—な	かまくら(鎌倉)	あめ(雨)
タクシー	あさねぼう(朝寝坊)—します	おくれる(遅れる)

【練習C】

ばんぐみ(番組)	とき(時)	こうこうせい(高校生)
たべもの(食べ物)	かもく(科目)	

第12課　　どちらが 音が いいですか

スラメット 「東京で いちばん 電気製品が 安い ところは どこ

　　　　　　　ですか。」

田　　　中 「そうですね。やっぱり 秋葉原ですよ。」

スラメット 「すみません。この 東海電気の ステレオと その

　　　　　　　ステレオと どちらが 音が いいですか。…………

　　　　　　　こっちですか。」

店　　　員 「いや。こっちの ほうが それより ずっと いいですよ。」

スラメット 「うーん。しかし、高いなあ。」

店　　　員 「でも、この へんでは うちが いちばん 安いですよ。」

107

スラメット　「じゃあ、それと　これとでは　どうですか。」

店　　　員　「これは　その　ステレオほどは　よくないですね。

　　　　　　　ねだんが　ちがいますよ。お客さん。」

スラメット　「そうですね。」

【文型】

１．ポンさんと　リーさんと(では)　どちらが　年上ですか。

　　　リーさんの　ほうが　年上です。

２．あなたの　国は　日本より　暑いですか。

　　　はい、(わたしの　国は)　日本より　暑いです。

　　　いいえ、(わたしの　国は)　日本ほど　暑くないです。

３．りんごと　バナナと　みかんと(では)　どれが　いちばん　すきですか。

　　　りんごが　いちばん　すきです。

４．スポーツの　中で　何が　いちばん　すきですか。

　　　サッカーが　いちばん　すきです。

５．世界で　いちばん　じんこうが　おおい　国は　どこですか。

　　　中国です。

【練習Ａ】

１．電気とガスとではどちらが
| 高い |
| 便利 |
| あんぜん |
ですか。

電気のほうが
| 高い |
| 便利 |
| あんぜん |
です。

２．電気はガスより
| 高い |
| 便利 |
| あんぜん |
です。

３．ガスは電気ほど
| 高く |
ないです。

| 便利 |
| あんぜん |
ではありません。

４．
| りんごとバナナとみかん |
| サッカーとテニスとじゅうどう |
| 京都と東京とおきなわ |
| 春と夏と秋 |
| お兄さんとお姉さんと弟さん |
と(では)
| どれ／何 |
| 何 |
| どこ |
| いつ |
| だれ |
がいちばんすきですか。

109

| りんご
テニス
沖縄
おきなわ
秋
兄 | がいちばんすきです。 |

１．例のように 質問の 文を 作りなさい。
　　　　しつもん

　例：［地下鉄、バス、すき］

　　　→ 地下鉄と バスと どちらが すきですか。

　(1)［タクシー、電車、はやい］　　(5)［大阪、横浜、じんこうがおおい］
　　　　　　　　　　　　　　　　　　　おおさか　よこはま

　(2)［地下鉄、バス、安い］　　　　(6)［さしみ、てんぷら、食べたい］

　(3)［電車、バス、便利］　　　　　(7)［じしん、たいふう、こわい］

　(4)［京都、奈良、すき］
　　　　　　なら

２．例のように 質問の 文と 答えの 文を 作りなさい。

　例：［中国、日本、ひろい］

　　　→ 中国と 日本と どちらが ひろいですか。

　　　→ 中国の ほうが ずっと ひろいです。

　(1)［京都、鎌倉、古い］　　　　　(5)［夏休み、冬休み、ながい］
　　　　　かまくら

　(2)［月曜日、火曜日、いそがしい］　(6)［インドネシア、韓国、遠い］
　　　　　　　　　　　　　　　　　　　　　　　　　かんこく

　(3)［新宿、平塚、にぎやか］　　　(7)［富士山、大山、高い］
　　　　　ひらつか　　　　　　　　　　ふじさん　おおやま

　(4)［漢字、かたかな、むずかしい］
　　　かんじ

3．例のように 質問を 作りなさい。

例：［ぎゅうにく、とりにく、高い］

　　→ ぎゅうにくと とりにくとでは どちらが 高いですか。

(1)［札幌、東京、寒い］
　　さっぽろ

(2)［午前、午後、いそがしい］

(3)［スキー、スケート、むずかしい］

(4)［デパート、スーパーマーケット、安い］

(5)［としょかん、きょうしつ、しずか］

(6)［レモン、みかん、すっぱい］

(7)［木曜日、金曜日、ひま］

4．例のように 文を 作りなさい。

例：［中国、日本、ひろい］

　　→ 中国は 日本より ひろいです。

　　［ロシア］

　　→ しかし、（中国は）ロシアほど ひろくないです。

(1)［ぶたにく、とりにく、高い］［ぎゅうにく］

(2)［春休み、冬休み、ながい］［夏休み］

(3)［九州、東京、暑い］［沖縄］
　　　　　　　　　　　　おきなわ

(4)［インドネシア、フィリピン、じんこうが おおい］［中国］

(5)［かたかな、ひらがな、むずかしい］［漢字］
　　　　　　　　　　　　　　　　　　かんじ

(6)［富士山、大山、高い］［エベレスト］

(7)［電車、バス、はやい］［新幹線］

5. 例のように 質問の 文を 作りなさい。

例：［春、夏、秋、すき］

→ 春と 夏と 秋とでは いつが いちばん すきですか。

(1) ［けんきゅうしつ、きょうしつ、じむしょ、ひろい］

(2) ［ステレオ、ビデオ、コンピュータ、ほしい］

(3) ［札幌、名古屋、京都、ゆうめい］
　　 さっぽろ

(4) ［天ぷら、すし、ステーキ、食べたい］

(5) ［月曜日、火曜日、水曜日、ひま］

(6) ［ひこうき、新幹線、電車、はやい］

(7) ［中国、タイ、オーストラリア、遠い］

6. 例のように 質問と 答えの 文を 作りなさい。

例：［くだもの／りんご］

→ くだものの 中で 何が いちばん すきですか。

→ りんごが いちばん すきです。

(1) ［スポーツ／やきゅう］　　(5) ［日本りょうり／すし］

(2) ［きせつ／春］　　　　　　(6) ［日本の町／京都］

(3) ［おんがく／ジャズ］　　　(7) ［はな／さくら］

(4) ［色／しろ］

112

【練習C】

1. 下の　気温の　表を　見て、質問に　答えなさい。
きおん　　ひょう　　　　　しつもん

単位＝℃
たんい

	1月	2月	3月	4月	5月	6月	7月	8月	9月	10月	11月	12月
札幌 さっぽろ	−4.9	−4.2	−0.4	6.2	12.0	15.9	20.0	21.3	16.9	10.6	4.0	−1.6
東京	4.7	5.4	8.4	13.9	18.4	21.5	25.2	26.7	22.9	17.3	12.3	7.4
熊本 くまもと	4.9	6.1	9.5	15.1	19.2	22.6	26.8	27.5	23.8	17.9	12.3	7.0

国勢社『日本国勢図会』より

(1) 北海道では　何月が　いちばん　寒いですか。

(2) 8月は　どこが　いちばん　暑いですか。

(3) 東京で　いちばん　寒い　月は　何月ですか。

(4) 東京では　何月が　いちばん　暑いですか。

(5) 熊本では　何月が　いちばん　寒いですか。
くまもと

(6) 熊本で　いちばん　暑い月は　何月ですか。
くまもと

2. 下の　表を　見て、質問に　答えなさい。
ひょう

	年齢 ねんれい	身長 しんちょう	体重 たいじゅう
佐藤 さとう	34歳	185cm	78kg
鈴木 すずき	43歳	176cm	65kg
高橋 たかはし	51歳	169cm	82kg

(1) 3人の　中で　だれが　いちばん　せが　高いですか。

(2) 鈴木さんと　佐藤さんと　どちらが　わかいですか。

(3) 佐藤さんと　高橋さんは　どちらが体重が　重いですか。

(4) 鈴木さんと　高橋さんと　どちらが　せが　高いですか。

(5) 3人の　中で　だれが　いちばん　わかいですか。

3．次の 会話を 練習しなさい。

(1) A「東京で いちばん ☐☐☐☐ が ☐☐☐☐ ところは どこですか。」

　　B「そうですね。やっぱり ☐☐☐☐ ですよ。」

(2) A「ねえ、この ☐☐☐☐ 、すてきですね。」

　　B「そうですか。あっちの ほうが いいでしょう。」

　　A「あの ☐☐☐☐ のですか。 Cさん、ちょっと 見て ください。どちらが

　　　いいでしょう。」

　　C「わたしは この ☐☐☐☐ の ほうが すきですね。」

　　A「そう。Bさん、わたし やっぱり ☐☐☐☐ を 買います。」

第12課 新出語

ちがう (違う)	でんきせいひん (電気製品)	やっぱり
とうかいでんき (東海電機)	いや	こっち
ずっと	うーん	しかし

【文型】

としうえ (年上)	せかい (世界)	じんこう (人口)

【練習A】

ガス	あんぜん (安全)—な	おきなわ (沖縄)
はる (春)	なつ (夏)	あき (秋)

【練習B】

ちかてつ (地下鉄)	はやい (早い)	さしみ (刺身)
じしん (地震)	たいふう (台風)	こわい (怖い)
ひらつか (平塚)	ふゆやすみ (冬休み)	ふじさん (富士山)
おおやま (大山)	ぎゅうにく (牛肉)	とりにく (鳥肉)
さっぽろ (札幌)	スケート	レモン
すっぱい (酸っぱい)	はるやすみ (春休み)	きゅうしゅう (九州)
ロシア	フィリピン	ぶたにく (豚肉)
インド	ひらがな (平仮名)	エベレスト
じむしょ (事務所)	ビデオ	ステーキ
オーストラリア	きせつ (季節)	ジャズ
ひ (日)	さくら (桜)	なら (奈良)

【練習C】

℃	たんい(単位)	かごしま(鹿児島)
ねんれい(年齢)	しんちょう(身長)	たいじゅう(体重)
せ(背)	わかい(若い)	あっち
ちょっと	cm	kg
さとう(佐藤)	たかはし(高橋)	すてきな

第13課　　じゃ、待っています

ガンジー　「もしもし、わたしは インドの ガンジーと 申しますが、

　　　　　　山田先生は いらっしゃいますか。」

山　　田　「やあ、ガンジーさん、しばらくですね。」

ガンジー　「あ、先生、ごぶさたして います。じつは、けさ 東京に

　　　　　　ついて、今 渋谷の 友人の うちから 電話して います。」

山　　田　「ああ、そう。じゃあ、わたしの うちへ 来ませんか。」

ガンジー　「ありがとう ございます。それじゃ、これから ちょっと

　　　　　　大使館に ようじが ありますから、その ようじをすませ

　　　　　　てから うかがいます。」

山　　田　「どうぞ どうぞ。じゃ、待って います。」

【文型】

１．けさ 何を しましたか。

　　　　8時に おきて、かおを あらって、さんぽして、10時から 2時間

　　　　勉強しました。

２．大学を そつぎょうしてから、どうしますか。

　　　　国へ 帰って、父の 会社で はたらきます。

３．木村さんは 今 何を して いますか。

　　　　てがみを 書いて います。

４．たいおんけいは どこで うって いますか。

　　　　やっきょくで うって います。

117

【練習Ａ】

1. Ⅰグループ

～ます	～て
だし　ます	だし　て
はなし　ます	はなし　て
さがし　ます	さがし　て
はたらき　ます	はたらい　て
きき　ます	きい　て
かき　ます	かい　て
あるき　ます	あるい　て
つき　ます	つい　て
いき　ます	いっ　て
いそぎ　ます	いそい　で
ぬぎ　ます	ぬい　で

～ます	～て
よみ　ます	よん　で
のみ　ます	のん　で
あそび　ます	あそん　で
しに　ます	しん　で
かい　ます	かっ　て
あい　ます	あっ　て
ならい　ます	ならっ　て
まち　ます	まっ　て
つくり　ます	つくっ　て
うり　ます	うっ　て
かえり　ます	かえっ　て

II グループ

～ます	～て
たべ ます	たべ て
おしえ ます	おしえ て
ね ます	ね て
おぼえ ます	おぼえ て
はじめ ます	はじめ て
あげ ます	あげ て
で ます	で て
うまれ ます	うまれ て
み ます	み て
い ます	い て
おき ます	おき て
でき ます	でき て

III グループ

～ます	～て
き ます	き て
し ます	し て
りょこうし ます	りょこうし て
しゅっぱつし ます	しゅっぱつし て
べんきょうし ます	べんきょうし て
れんしゅうし ます	れんしゅうし て

2．父は今

電話をかけて
おふろにはいって
新聞を読んで
タバコをすって

います。

妹は

おちゃを習って
銀行ではたらいて
えはがきをあつめて

います。

119

3.

| あさはやくおきて
けっこんして
友だちと会って
郵便局へ行って
学校を休んで | 、 | さんぽします。
日本に住んでいます。
おさけを飲みました。
手紙を出します。
病院へ行きました。 |

| ごはんを食べて
はをみがいて
しゅくだいをして | から、 | くすりを飲んでください。
かおをあらいます。
ねます。 |

【練習Ｂ】

1. 例のように 答えなさい。

例：何を して いますか。（ビールを 飲みます。）

→ ビールを 飲んで います。

(1) 何を して いますか。（パンを 食べます。）

(2) 何を して いますか。（電話を かけます。）

(3) 何を して いますか。（にもつを はこびます。）

(4) 何を して いますか。（ワープロを うちます。）

(5) 何を して いますか。（さらを あらいます。）

(6) 何を して いますか。（そうじを します。）

(7) 何を して いますか。（ラジオを 聞きます。）

(8) 何を して いますか。（プールで およぎます。）

(9) 何を して いますか。（りょうりを 作ります。）

２．例のように 言いかえなさい。

　　例：田中さんは 友だちに 電話を かけます。

　　　　　→ 田中さんは 今 友だちに 電話を かけて います。

　　　(1) ラタナさんは 図書館で 日本語の 勉強を します。

　　　(2) チンさんは りょうしんに 手紙を 書きます。

　　　(3) リーさんは へやで かぎを さがします。

　　　(4) マリアさんは へやで おんがくを ききます。

　　　(5) フセインさんは にわで いぬと あそびます。

　　　(6) キムさんは 駅で 友だちを まちます。

　　　(7) アリさんは 教室で 先生と 話を します。

　　　(8) リンさんは 風呂場で シャワーを あびます。
　　　　　　　　ふろば

３．例のように 文を 作りなさい。

　　例１：（8時に おきました。）（ごはんを 食べます。）

　　　　　→ 8時に おきて、ごはんを 食べます。

　　例２：（8時に おきました。）（ごはんを 食べました。）

　　　　　→ 8時に おきて、ごはんを 食べました。

　　　(1)（新宿へ 行きます。）（えいがを 見ます。）

　　　(2)（うちへ 帰ります。）（ゆうしょくの したくを します。）

　　　(3)（9時に おきます。）（学校へ 行きます。）

　　　(4)（8時半に うちを 出ます。）（地下鉄の 駅まで あるきます。）

　　　(5)（大山駅で 電車を 降ります。）（バスに 乗ります。）
　　　　　おおやま

　　　(6)（7時半に 帰りました。）（勉強を しました。）

(7) (横浜まで バスで 行きました。) (電車に 乗りかえました。)
　　よこはま

(8) (かおを あらいました。) (かいものに 行きました。)

(9) (銀行で お金を 出しました。) (デパートに 入りました。)

(10) (京都へ 行きました。) (お寺を けんぶつしました。)

4. 例のように 文を 作りなさい。

　例： (あさごはんを 食べます。) (はを みがきます。)

　　　→ あさごはんを 食べてから、はを みがきます。

(1) (おさけを 飲みます。) (ごはんを 食べます。)

(2) (研究会が おわりました。) (きっさてんへ 行きました。)

(3) (しゅくだいを します。) (テレビを 見ます。)

(4) (新聞を 読みました。) (大学へ 来ました。)

(5) (テープを 何回も 聞きます。) (きょうかしょを 読みます。)
　　　　　　　なんかい

(6) (はを みがきました。) (あさごはんを 食べました。)

(7) (手紙を 出しました。) (電車に 乗りました。)

5. 例のように 答えなさい。

　例：たいおんけいは どこで うって いますか。(やっきょく)

　　　→ やっきょくで うって います。

(1) あなたは 何で つうきんして いますか。(バス)

(2) テレフォン・カードは どこで うって いますか。(スーパーマーケットなど)

(3) お兄さんは どこで はたらいて いますか。(父の 会社)

(4) いつから この 店で アルバイトして いますか。(2か月前)

(5) 田中先生は 何の 研究を して いますか。(じしん)

(6) 日本は インドネシアから 何を ゆにゅうして いますか。(せきゆなど)

(7) 日本は あなたの 国へ 何を ゆしゅつして いますか。(自動車など)

6．例のように 質問と 答えの 文を 作りなさい。

　例：［うちへ 帰ります。へやをそうじします。］

　　　Ａ：うちへ 帰ってから 何を しますか。

　　　Ｂ：部屋を そうじします。

(1) ［部屋を そうじします。ごはんを 食べます。］

(2) ［ごはんを 食べます。お風呂に 入ります。］

(3) ［お風呂に 入ります。8時ごろまで テレビを 見ます。］

(4) ［8時ごろまで テレビを 見ます。しゅくだいを します。］

(5) ［しゅくだいを します。ねます。］

(6) ［大学を そつぎょうします。日本の 会社で 実習を します。］

(7) ［国へ 帰ります。会社を 作ります。］

【練習Ｃ】

1．次の 会話を 練習しなさい。

(1) Ａ「もしもし、わたしは ［　　　　　　　］の ［　　　　　　　］と 申しますが、

　　　　［　　　　　　　］は いらっしゃいますか。」

　　Ｂ「やあ、Ａさん しばらくですね。」

(2) Ａ「今、［　　　　　　　］から 電話して います。

　　　　［　　　　　］時ごろ うかがいます。」

　　Ｂ「どうぞどうぞ、じゃ まって います。」

2. 下の 絵を 見て、質問に 答えなさい。

おくさん

おばあさん

山田さん

ただしくん

(1) 正くんは 何を して いますか。
　　ただし

(2) 山田さんは テレビを 見て いますか。

(3) いぬは どこで 何を して いますか。

(4) 山田さんの おくさんは 何を して いますか。

(5) おばあさんの ひざの 上に 何が いますか。

コンビニエンス・ストア

　このごろコンビニエンス・ストアが多くなりました。「コンビニエ
　　　　　　　　　　　　　　　　　　　　　　　　　　　おお
ンス」の意味は「便利」、「ストア」の意味は「店」です。コンビニ
　　　　いみ　　べんり　　　　　　　　いみ　　みせ
エンス・ストアはふつうスーパー・マーケットより小さいです。そ
　　　　　　　　　　　　　　　　　　　　　　　　　ちい
して、品物の種類もスーパーほど多くないです。しかし、朝早くか
　　しなもの　しゅるい　　　　　　おお　　　　　　　　　　はや
ら夜おそくまで品物を売っています。ある店は24時間営業していま
　　　　　　　しなもの　う　　　　　　　　　　じかんえいぎょう
す。

　コンビニエンス・ストアではあまり高いものは売っていません。
　　　　　　　　　　　　　　　　　　たか　　　　　う
みんな毎日の生活に必要なものばかりです。お客は若い人が多いで
　　　まいにち　せいかつ　ひつよう　　　　　　　きゃく　わか　ひと　おお

124

す。ですから若い人たちの好きなものをいつも調べています。

　スーパーはたいてい駅の近くにありますが、コンビニエンス・ス

トアは住宅地の中にもあります。水道代やガス・電気代の支払いも

ここでできます。コピーもできます。非常に便利なお店です。

第13課　新出語

ごぶさたしています	もしもし	いらっしゃる
じつは(実は)	これから	しぶや(渋谷)
ああ そう	それじゃ	すませる(済ませる)
うかがう(伺う)	どうぞ どうぞ	じゃ
まつ(待つ)	〜ている	

【文型】

あさごはん(朝御飯)	ゆうごはん(夕御飯)	あらう(洗う)
かお(顔)	さんぽ(散歩)—します	そつぎょう(卒業)—します
きむら(木村)	たいおんけい(体温計)	うる(売る)
やっきょく(薬局)		

【練習A】

だす(出す)	あるく(歩く)	さがす(探す)
ぬぐ(脱ぐ)	いそぐ(急ぐ)	しぬ(死ぬ)
はじめる(始める)	れんしゅう(練習)—します	はいる(入る)
あつめる(集める)	あさはやい(朝早い)	けっこん(結婚)—します
すむ(住む)	みがく(磨く)	

【練習B】

うつ(打つ)	はこぶ(運ぶ)	さら(皿)
プール	りょうしん(両親)	フセイン
にわ(庭)	シャワー	ふろば(風呂場)
あびる(浴びる)	したく(支度)	ゆうしょく(夕食)
のりかえる(乗り換える)	けんぶつ(見物)—します	かいもの(買い物)—します
おわる(終わる)	きょうかしょ(教科書)	つうきん(通勤)—します
テレホンカード	アルバイト—します	けんきゅう(研究)—します
ゆにゅう(輸入)—します	せきゆ(石油)	〜など
ゆしゅつ(輸出)—します	実習(実習)—します	

【練習Ｃ】

ひざ　　　　　　　　　　　ただし(正)　　　　　　　　おくさん(奥さん)

【文章】

このごろ　　　　　　　　　コンビニエンス・ストア　　いみ(意味)

ストア　　　　　　　　　　しゅるい(種類)　　　　　　うる(売る)

えいぎょう(営業)―します　しらべる(調べる)　　　　　たいてい

じゅうたくち(住宅地)　　　すいどう(水道)　　　　　　しはらい(支払い)

コピー　　　　　　　　　　ひじょう(非常)―に

第14課　　とめても　いいですか

リン　　　「あのう、ここに　車を　止めても　いいですか。」

けいかん　「ここは　駐車禁止（ちゅうしゃきんし）ですから、止めては　いけませんよ。」

リン　　　「そうですか。こまったなあ。このへんに　駐車場（ちゅうしゃじょう）ありま

　　　　　せんか。」

けいかん　「この　たてものの　後ろに　ゆうりょう駐車場（ちゅうしゃじょう）が　あり

　　　　　ますから、そこに　止めて　ください。」

リン　　　「あ、そうですか。どうも……。」

けいかん　「はい、気を　つけて……。」

【文型】

1. あなたの 電話番号を 教えて ください。

　　　3782の 9536です。

2. すみませんが、ちょっと 手伝って くださいませんか。

　　　ええ、いいですよ。

3. きけんですから、どうろの 右がわを 歩いて ください。

　　　あっ、すみません。

4. 暑いですね。まどを 開けましょうか。

　　　ええ、おねがいします。

5. この 川で およいでも いいですか。

　　　はい、（およいでも） いいです。

　　　いいえ、（およいでは） いけません。

【練習Ａ】

1.

| お金を 貸して |
| しゃしんを 見せて |
| 電話番号を 教えて |
| ちょっと 待って |

ください。／くださいませんか。

2.　| タバコを　すっても | いいです。
　　| トイレへ　行っても |
　　| 　　そとへ　出ても |

3.　| タバコを　すっては | いけません。
　　| えんぴつで　書いては |
　　| ろうかを　走っては |
　　| 　　中に　入っては |

4.　| どうろの　左がわ | を | 走ります。
　　| 　　こうさてん | | 右に　曲がります。
　　| 　　学校の前 | | 通ります。

【練習Ｂ】

１.　例のように　文を　作りなさい。

　　例：［部屋、入ります］

　　　　→　部屋に　入って　ください。

　　(1)［ここ、来ます］　　　　(5)［ねつ、はかります］

　　(2)［いす、すわります］　　(6)［この　紙、持って　行きます］

　　(3)［くち、開けます］　　　(7)［やっきょくの　人、見せます］

　　(4)［した、出します］　　　(8)［くすり、もらいます］

2. 例のように 文を 作りなさい。

　例：（道が わかりません。）地図を かきます。

　　　→ すみませんが、地図を かいて ください。

　(1) （よく わかりません。）もう いちど せつめいします。

　(2) （雨が ふって います。）タクシーを よびます。

　(3) （暑いです。）まどを 開けます。

　(4) （おそいです。）スピードを 出します。

　(5) （うちは そこです。）ここで 止めます。

　(6) （すぐ もどります。）ちょっと 待って います。

　(7) （お金を わすれました。）2000円 貸します。

3. 例のように 文を かえなさい。

　例：ここに 車を 止めます。

　　　→ ここに 車を 止めても いいですか。

　(1) この 部屋で たばこを すいます。　　(5) 部屋に 入ります。

　(2) もう お風呂に 入ります。　　　　　(6) しゃしんを とります。

　(3) 答えを 見ます。　　　　　　　　　　(7) この かばんを 持って 行きます。

　(4) えんぴつで 書きます。　　　　　　　(8) ここで 手と かおを あらいます。

4. 例のように 文を かえなさい。

　例：まどを 開けます。

　　　→ まどを 開けては いけません。

130

(1) しゃしんを とります。　　　(5) 道に ごみを すてます。

(2) となりの 人の こたえを 見ます。　(6) 部屋を よごします。

(3) ちこくを します。　　　　　(7) おさけを 飲んで 運転します。

(4) バイクで 学校へ 来ます。

5. 例のように こたえなさい。

例：ここで たばこを すっても いいですか。

　　　(はい) → はい、すっても いいです。

　　　(いいえ) → いいえ、すっては いけません。

(1) この 本を コピーしてもいいですか。(いいえ)

(2) ここに ごみを すてても いいですか。(はい)

(3) あした 学校を 休んでも いいですか。(いいえ)

(4) この しゃしんを 田中さんに 見せても いいですか。(いいえ)

(5) 今週の 土曜日、ここで パーティーを しても いいですか。(はい)

(6) もう おべんとうを 食べても いいですか。(いいえ)

(7) まどを あけても いいですか。(はい)

(8) あの へやのコンピュータを つかっても いいですか。(いいえ)

6. 例のように 文を 作りなさい。

例１：［制服、着ます］
　　　せいふく
　　　→ 制服を 着て ください。

131

(1) ［9時15分、来ます］

(5) ［先生、しつもんします］

(2) ［早く、学校へ 来ます］

(6) ［そのしゃしん、見せます］

(3) ［毎日、ふくしゅうします］

(7) ［日本語、書きます］

(4) ［電話、かけます］

7. 例のように 下の ことばで 文を 作りなさい。

例： ［道、わからない、地図、かく］

→ 道が わかりません。すみませんが、地図を かいて くださいませんか。

(1) ［この もんだい、たいへん むずかしい、ただしい 答え、教える］

(2) ［友だち、4時、ここ、来る、それまで、ここ、いる］

(3) ［とても いそがしい、しごと、手伝う］

(4) ［あした、病院、行く、わたしの 作文、先生、わたす］

(5) ［日本語、まだ わからない、中国語、せつめいする］

(6) ［病院、行きたい、タクシー、よぶ］

(7) ［ちょっと 寒い、まど、しめる］

8. 例のように 答えなさい。

例：どの 道を 歩きますか。（お寺の 前の 道）

→ お寺の 前の 道を 歩きます。

(1) どこを 通りますか。（大学の 前）

(2) どこを 曲がりますか。（あそこの かど）

(3) どこを 通りますか。（銀行と スーパーの 間）

(4) どこを さんぽしますか。（かいがん）

(5) 今　どこを　飛んで　いますか。（富士山の　上）
ふじさん

(6) 3番の　バスは　どこと　どこの　間を　走って　いますか。（大山駅と　大学前の　間）

(7) 東海道新幹線は　どこと　どこの　間を　走って　いますか。（東京と　博多の　間）
はかた

【練習C】

1．となりの　人に　その人の　国のことを　きいて　答えなさい。

(1) おさけを　飲んで、車を　運転しても　いいですか。

(2) じゅぎょうの　とき、コーラを　飲んでも　いいですか。

(3) 大学生は、車で　通学しても　いいですか。

(4) 子どもは、たばこを　すっても　いいですか。

(5) 電車の　中で　おさけを　飲んでも　いいですか。

2．次の　会話を　練習しなさい。

(1) A「ここで　　　　　　　ては　いけませんよ。」

　　B「そうですか。どうも　すみません。」

(2) A「むこうに　　　　　　　が　あります。あそこで　　　　　　　て　ください。」

　　B「あ、そうですか。どうも。」

3．（　）の　中には　てきとうな　じょしを、＿＿＿＿＿の　上には　てきとうな　ことばを　入れ

　　て、友だちと　会話の　れんしゅうを　しなさい。

　　A「あのう、ここ（　）＿＿＿＿＿ても　いいですか。」

　　B「ここは＿＿＿＿＿ですから、＿＿＿＿＿ては　いけません。」

　　A「そうですか。こまったなあ。このへんに＿＿＿＿＿は　ありませんか。」

Ｂ「ああ、それなら＿＿＿＿＿＿（　）ありますよ。」

Ａ「あ、そうですか。どうも。」

第14課 新出語

とめる(止める)	けいかん(警官)	ちゅうしゃきんし(駐車禁止)
いけない	こまったなあ(困ったなあ)	ちゅうしゃじょう(駐車場)
〔～して〕ください	ゆうりょう　ちゅうしゃじょう (有料駐車場)	どうも

きをつけて(気をつける)

【文型】

てつだう(手伝う)	どうろ(道路)	ええ　いいですよ
きけん(危険)—な	みぎがわ(右側)	

【練習Ａ】

みせる(見せる)	しゃしん(写真)	ろうか(廊下)
はしる(走る)	ひだりがわ(左側)	まがる(曲がる)
こうさてん(交差点)	とおる(通る)	

【練習Ｂ】

くち(口)	した(舌)	はかる(測る)
～ど(～度)	～ていく	あと(後)
よぶ(呼ぶ)	ふる(降る)	スピード
おそい(遅い)	もどる(戻る)	わすれる(忘れる)
こたえ(答え)	〔写真を〕とる(撮る)	て(手)
バイク	ごみ	すてる(捨てる)
こんしゅう(今週)	よごす(汚す)	コピーする
べんとう(弁当)	せいふく(制服)	きる(着る)
ふくしゅう(復習)—します	ちこく(遅刻)—します	たいへん(大変)
ただしい(正しい)	かいがん(海岸)	とぶ(飛ぶ)
～ばん(～番)	とうかいどうしんかんせん (東海道新幹線)	はかた(博多)

【練習Ｃ】

だいがくせい(大学生)	コーラ	つうがく(通学)—します

第15課　　さいふがおちています

リ　ー　「あっ、さいふがおちていますよ。」

チ　ン　「えっ、どこに。」

リ　ー　「ほら、あそこのベンチの下に。」

チ　ン　「あ、ほんとだ。……ああ、だいぶお金が入っていますね。」

リ　ー　「どうします。」

チ　ン　「そうですね。このへんに交番はありませんか。」

リ　ー　「さあ、どうかな。あそこの店できいてきましょう。」

【文型】

1. どこに車が止まっていますか。

　　　門の前に止まっています。

2. あなたはどこに住んでいますか。

　　　横浜に住んでいます。
　　　よこはま

3. あなたはあの花の名前を知っていますか。

　　　はい、知っています。

　　　いいえ、知りません。

4. 外国人登録証を持っていますか。
　　とうろくしょう

　　　はい、持っています。

5. わたしのコートはどこにありますか。

　　　あそこにかけてあります。

6. どこへ行きますか。

　　　タバコを買ってきます。

7. 日本語の勉強はどうですか。

　　　さいきん、おもしろくなってきました。

【練習Ａ】

1.

あそこにさいふが	おちて
部屋の電気が	ついて
げんかんのドアが	開いて

います。

2.

あの人はもう	けっこんして
国際会館に	住んで
大学の電話番号を	知って

います。

3.

まどが	開けて
花が	かざって
メモが	おいて

あります。

4.

交番で住所を	聞いて
図書館で本の名前を	しらべて
八百屋でやさいを	買って

来ます。

5.

夏休みが	近づいて
天気が	悪くなって
日本語が	すきになって

来ました。

【練習B】

1. 例のように答えなさい。

　例：車はどこに止まっていますか。（門の前）

　　　→ 門の前に止まっています。

　　(1) カレンダーはどこにかかっていますか。（あそこ）

　　(2) このテレビはどこがこわれていますか。（スイッチ）

　　(3) 図書館は何時から開いていますか。（午前10時）

　　(4) 何日前からこちらに来ていますか。（3日前）

　　(5) あなたはどんなカメラを持っていますか。（小さい）

　　(6) あなたはどこに住んでいますか。（横浜）

　　(7) きょねんわたしがいた部屋に、今だれが住んでいますか。（リンさんの妹さん）

2. 例のように答えなさい。

　例：どこに住んでいますか。（横浜）

　　　→ 横浜に住んでいます。

　　　　では、山下公園を知っていますか。（はい）

　　　→ はい、知っています。

　　　　では、山下公園を知っていますか。（いいえ）

　　　→ いいえ、知りません。

　　(1) どこに住んでいますか。（大学のりょう）

　　　　では、リンさんを知っていますか。（いいえ）

　　(2) どこに住んでいますか。（大学の近く）

　　　　では、山田書店を知っていますか。（はい）

(3) どこに住んでいますか。(渋谷)

　　では、ハチ公を知っていますか。(はい)

(4) どこに住んでいますか。(中野)

　　では、サンプラザを知っていますか。(いいえ)

(5) どこに住んでいますか。(池袋)

　　では、サンシャインビルを知っていますか。(はい)

3．例のように文を完成しなさい。

　　例：あそこにさいふが＿＿＿＿＿＿　います。

　　　　→　あそこにさいふが　おちて　います。

(1) さいふの中には、お金がたくさん＿＿＿＿＿＿います。

(2) リーさんは青いセーターを＿＿＿＿＿＿います。

(3) キムさんはめがねを＿＿＿＿＿＿います。

(4) 白い自動車が交番の前に＿＿＿＿＿＿います。

(5) にわにピンクの花がたくさん＿＿＿＿＿＿います。

(6) 田中さんはどくしんではありません。もう＿＿＿＿＿＿います。

4．例のように文を完成しなさい。

　　例：電気が（きえて）います。(きえます)

　　　　電気が（けして）あります。(けします)

(1) かぎが（　　　　）います。(かかります)

　　かぎが（　　　　）あります。(かけます)

(2) まどが（　　　　　）います。（開きます）

　　まどが（　　　　　）あります。（開けます）

(3) ガスが（　　　　　）います。（つきます）

　　ガスが（　　　　　）あります。（つけます）

(4) 写真が（　　　　　）います。（入ります）

　　写真が（　　　　　）あります。（入れます）

(5) 手紙が（　　　　　）います。（おちます）

(6) 花が（　　　　）あります。（かざります）

(7) プレゼントが（　　　　　）あります。（おきます）

5．例のように文をかえなさい。

　例：忘れ物をとってきますから、ここでちょっと待っていてください。（お金をもらいます）

　　　→ お金をもらってきますから、ここでちょっと待っていてください。

　(1) 電話をかけます。　　(4) 手紙を出します。　　(7) 時間を見ます。

　(2) 友だちをよびます。　(5) きっぷを買います。

　(3) 事務所へ行きます。　(6) 先生にあいさつします。

6．例のように答えなさい。

　例：部屋は暖かいですか。

　　　→ ええ、だんだん暖かくなってきました。

　(1) ねむいですか。

　(2) さしみはすきですか。

(3) 日本語はおもしろいですか。

(4) からだはじょうぶですか。

(5) 宿題はおおいですか。

(6) 仕事はいそがしいですか。

(7) あなたのうちの近くはにぎやかですか。

【練習C】

1．次の絵を見て、質問に答えなさい。

(1) まどは開いていますか、しまっていますか。

(2) 部屋のすみに何がおいてありますか。

(3) 部屋の中に花がかざってありますか。

(4) かべにどんな絵がかけてありますか。

(5) チンさんは今何をしていますか。

(6) チンさんはどんないすにかけていますか。

(7) ねこはどこにねていますか。

２．次の会話の練習をしなさい。

(1) Ａ 「あっ、 [   ] がおちていますよ。」

Ｂ 「えっ、 どこに……。」

Ａ 「ほら、 あの [   ] に……。」

(2) Ａ 「このへんに [   ] はありませんか。」

Ｂ 「さあ……あそこの [   ] で聞いてきましょう。」

第 15 課　新出語

おちる(落ちる)	ほら	えっ
ベンチ	あっ ほんとだ	だいぶ
こうばん(交番)	どうします	さあ どうかな

【文型】

しる(知る)	なまえ(名前)	がいこくじんとうろくしょう (外国人登録証)
〔コートを〕かける(掛ける)	～てある	
～てくる		

【練習Ａ】

〔電気が〕つく	げんかん(玄関)	あく(開く)
こくさいかいかん(国際会館)	かざる(飾る)	メモ
おく(置く)	しらべる(調べる)	ちかづく(近づく)

【練習Ｂ】

やま(山)	〔写真が〕かかる(掛かる)	こわれる(壊れる)
スイッチ	もつ(持つ)	やましたこうえん(山下公園)
りょう(寮)	では	しょてん(書店)
ハチこう(ハチ公)	なかの(中野)	サンプラザ
いけぶくろ(池袋)	サンシャインビル	〔めがねを〕かける
〔花が〕さく	とる(取る)	あいさつ(挨拶)―します
だんだん	あたたかい(暖かい)	ねむい(眠い)
じょうぶ(丈夫)―な	あおい(青い)	セーター
ピンク	どくしん(独身)	きえる(消える)
〔鍵が〕かかる	〔鍵を〕かける	

【練習Ｃ】

え(絵)　　　　　　　　しまる(閉まる)　　　　　　すみ(隅)

かべ(壁)　　　　　　　〔椅子に〕かける

第16課　　女の先生で、親切です

鈴　木　「やあ、おひさしぶりですね。日本語の勉強はどうですか。」

キ　ム　「ええ、とてもおもしろくて楽しいです。とくに会話の時間は

　　　　　楽しいです。」

鈴　木　「それはいいですね。日本語の先生はどんな先生ですか。」

キ　ム　「女の先生で、たいへん親切です。」

鈴　木　「毎日何時間ぐらい勉強しますか。」

キ　ム　「学校で5時間、うちへ帰ってから2時間ぐらい勉強します。」

鈴　木　「じゃあ、7時間ですか。たいへんですね。」

144

【文型】

１．鈴木さんのこいびとはどんな人ですか。

　　　　せが高くて、きれいで、あたまがいいです。

２．あのかたはどなたですか。

　　　　中山さんです。高校の先生で、英語を教えています。

３．50円玉はどんな形をしていますか。

　　　　10円玉より小さくて、まん中にあながあいています。

４．そのジュースはおいしいですか。

　　　　はい、あまくて、すっぱくて、レモンの味がします。

５．きのう、てんらん会へ行きましたか。

　　　　ええ、でも、人が多くて、たいへんでした。

【練習Ａ】

1.

大き	い	大き	くて
つめた	い	つめた	くて
さびし	い	さびし	くて

きれい	な	きれい	で
まじめ	な	まじめ	で
ゆうめい	な	ゆうめい	で

日曜日		日曜日	で
どくしん		どくしん	で
いしゃ		いしゃ	で

2. あのりんごは

安くて	おいしい
かたくて	すっぱい
大きくて	赤い
小さくて	まずい

です。

3. このへやは

明るくて	静か
ひろくて	きれい

です。

4.

あのたてものは	おもしろい	形を
この花は	きれいな	色を

しています。

146

5.

このにくは	変な	におい
このジュースは	レモンの	あじ
ドアの外で	変な	音

がします。

【練習Ｂ】

１．例のように文を作りなさい。

例：［りんご、大きい、あまい］

　　→　このりんごは大きくて、あまいです。

(1) ［さかな、おいしい、安い］

(2) ［パン、やわらかい、おいしい］

(3) ［ジュース、あまい、つめたい］

(4) ［カメラ、軽い、便利な］

(5) ［かばん、じょうぶな、軽い］

(6) ［くつ、軽い、じょうぶな］

(7) ［駐車場、安い、駅に近い］
　　ちゅうしゃじょう

(8) ［ホテル、きれいな、静かな］

２．例のように文をひとつにしなさい。

例：きのうは５月４日でした。きのうは日曜日でした。

　　→　きのうは５月４日で、日曜日でした。

(1) 大山さんはサラリーマンです。大山さんはおくさんと子どもが３人います。

(2) 大山さんのうちは駅の近くです。駅まで５分しかかかりません。

147

(3) 今日は5月5日です。今日は子どもの日です。

(4) 今日はいい天気です。今日はかぜもありません。

(5) つぎの電車は小田原行です。つぎの電車は急行です。
   おだわら

(6) 大山さんのこきょうは小田原です。両親のうちがあります。
   りょうしん

(7) 小田原は古い町です。じんこうは19万人ぐらいです。

3. 例のように答えなさい。

   例：あなたの会社はどこにありますか。[東京駅の近く、東京ホテルのとなり]

      → 東京駅の近くで、東京ホテルのとなりです。

   (1) 仕事はどうですか。[いそがしい、ざんぎょうが多い]

   (2) 会社の人はどうですか。[みんな親切、おもしろい]

   (3) 給料はどうですか。[安い、ボーナスもない]
      きゅうりょう

   (4) 会社の食堂はどうですか。[おいしい、やすい]
         しょくどう

   (5) 休みはどうですか。[1週間1回、日曜日だけ]
            かい

   (6) 通勤はどうですか。[かたみち2時間、とても遠い]
      つうきん

   (7) 社長はどんな人ですか。[父の友だち、とてもきびしい人]

4. 例のように文を作りなさい。

   例1：[このテーブル、丸い形]

      → このテーブルは丸い形をしています。

   例2：[このせびろ、じみな色]

      → このせびろはじみな色をしています。

   (1) [ラタナさんの部屋、ほそ長い形]

(2)［部屋のまど、丸い形］

(3)［だいどころのテーブル、四角い形］

(4)［風呂場のかべ、赤い色］
　　ふろば

(5)［ラタナさんのまくら、魚の形］
　　　　　　　　　さかな

(6)［ラタナさんのパジャマ、はでな色］

5. 例のように文を作りなさい。

　例：［大きい音］

　　　→「大きい音がします。」

(1)［へんなにおい］

(2)［どんなにおい］

(3)［魚のにおい］
　　さかな

(4)［だいどころでへんな音］

(5)［魚がこげるにおい］

(6)［この魚、へんなあじ］
　　　さかな

【練習C】

1．絵を見て、例のように答えなさい。

例：Ａ「知らない男が私のかばんをとりました。」

Ｂ「どんなかばんですか。」　　[黒い、丸い]

Ａ「黒くて丸いかばんです。」

(1)「はんにんのかおを見ましたか。」　　　[目が大きい、かおが四角い]

「はい、見ました。□□□□□□□□□□。」

(2)「何でにげましたか。」　　　[車]

「□□□□でにげました。」

(3)「車を見ましたか。」　　　[ナンバーは横浜、青い車]

「はい、見ました。□□□□□□□□□□。」

(4)「はんにんはどんなかっこうをしていましたか。」

[白いシャツ、ズボンは黒]

「はんにんは□□□□□□□□□。」

(5)「かばんの中にはお金がいくら入っていましたか。」

[1万円さつ4枚、千円さつ5枚]

「1万円さつ□□□□□□□□□。」

(6)「ほかに何が入っていましたか。」　[キャッシュカード、恋人の写真]

「□□□□□□□□□□□が入っていました。」

2．例のように、右のはこの中のことばを使って、あなたの先生やクラスの人について答えなさい。

例：あなたの先生はどんな先生ですか。

　　　→　どくしんで、とてもやさしい先生です。

(1) 先生はどんなかたですか。

(2) お友だちはどんな人ですか。

(3) となりの人はどんな学生ですか。

(4) となりのクラスの先生はどんなかたですか。

(5) あなたの後ろの学生はどんな人ですか。

(6) となりの人のお姉さんはどんな人ですか。

□どくしん	□やさしい	□こわい	□かおが丸い	□声がいい	□せが高い	□静かな

□けっこんしています	□きびしい	□おもしろい	□かおが長い	□うたが上手な	□ハンサムな	□子どもが二人あります

3．次の会話の練習をしましょう。

(1) A「　　　　　さん、　　　　　はどうですか。」

　　B「ええ、とても　　　　　て／で、　　　　　です。」

(2) A「　　　　　さんはどんな人ですか。」

　　B「　　　　　て／で、たいへん　　　　　です。」

151

学生生活

　日本へ来てからもう３か月たちました。日本語はまだよくわかりませんが、日本の生活にはだいぶ慣れてきました。

　毎朝８時半の電車に乗って大学へ行きます。電車はたいへんこんでいます。この時間の乗客はほとんどサラリーマンと学生です。そして、ほとんどの人は満員の電車の中で新聞や雑誌を読んでいます。はじめのころは、こんな満員電車がいやでしたが、今はもう慣れました。大学の授業は９時半に始まって、４時半に終わります。たいてい、夕方６時ごろ、下宿へ帰って、夕ごはんを食べます。それから、11時まで勉強して、12時過ぎに寝ます。

　わたしの学生生活は、今は日本語の勉強が中心ですが、夏休みには、日本のいろいろな所を旅行したいです。

第16課　新出語

おひさしぶりですね(お久し振りですね)　　　　　　　　かいわ(会話)

【文型】

こいびと(恋人)	なかやま(中山)	こうこう(高校)
50えんだま(50円玉)	10えんだま(10円玉)	かたち(形)
まんなか(真ん中)	あな(穴)	ジュース
あじ(味)	てんらんかい(展覧会)	

【練習A】

つめたい(冷たい)	かたい(固い)	さびしい(寂しい)
いしゃ(医者)	あかるい(明るい)	へんな(変な)
におい(匂い)		

【練習B】

やわらかい(柔らかい)	サラリーマン	かぜ(風)
～ゆき(～行き)	おだわら(小田原)	つぎ(次)
きゅうこう(急行)	こきょう(故郷)	とうきょうホテル(東京ホテル)
ざんぎょう(残業)―します	ボーナス	つうきん(通勤)
かたみち(片道)	しゃちょう(社長)	きびしい(厳しい)
テーブル	まるい(丸い)	せびろ(背広)
じみ(地味)―な	ほそながい(細長い)	しかくい(四角い)
だいどころ(台所)	まくら(枕)	パジャマ
はで(派手)―な		

【練習C】

はんにん(犯人)	め(目)	にげる(逃げる)
ナンバー	かっこう(恰好)	ズボン
くろ(黒)	キャッシュカード	ハンサムな
1まんえんさつ(1万円札)	せんえんさつ(千円札)	

【文章】

たつ(日がたつ)	なれる(慣れる)	こむ(混む)
まんいん(満員)	いや(嫌)―な	ちゅうしん(中心)
いろいろな		

153

第17課　　見た？　この前のえいが

リ　ー　「ちょっとちょっと、きれいな人だね。」

キ　ム　「えっ、どの人。」

リ　ー　「ほら、あそこ、あの赤いセーターの。」

キ　ム　「あ、ほんとだ。あれは女優の山川みどりじゃない。」
　　　　　　　　　　　　　じょゆう

リ　ー　「えっ、ほんとう？　あの人が……。」

キ　ム　「うん、まちがいない。やっぱりきれいだね。　見た？

　　　　この前のえいが。」

リ　ー　「うん、見た見た。おもしろかったね。」

キ　ム　「ね、サインもらいに行かない？」

リ　ー　「いやあ、ちょっと。はずかしいよ。」

154

【文型】

１．日本はぶっかが高い。わたしの国のやく４ばいだ。

２．あのきっさてんはコーヒーがおいしい。ねだんも高くない。だから、お客がいっぱいだ。

３．きょうは天気がいいが、きのうはよくなかった。一日中雨がふっていた。

４．きのう秋葉原へ行った。テレビを買った。安かった。ビデオカメラも買いたかったが、お金がたりなかった。

５．前はすきではなかったが、今は日本りょうりがだいすきだ。なっとうはたまにしか食べないが、きらいではない。

【練習Ａ】

１．

Ⅰ	あらい	ます	あらう	あらわ	ない	あらっ	た
	書き	ます	書く	書か	ない	書い	た
	話し	ます	話す	話さ	ない	話し	た
	待ち	ます	待つ	待た	ない	待っ	た
	読み	ます	読む	読ま	ない	読ん	だ
	売り	ます	売る	売ら	ない	売っ	た
	行き	ます	行く	行か	ない	行っ	た
Ⅱ	覚え	ます	覚える	覚え	ない	覚え	た
	起き	ます	起きる	起き	ない	起き	た
Ⅲ	来	ます	来る	来	ない	来	た
	し	ます	する	し	ない	し	た

2.

ていねい体		あらいます	あらいません	あらいました	あらいませんでした
ふつう体	I	あらう	あらわない	あらった	あらわなかった
		書く 話す 待つ 読む 売る 行く			
	II	覚える 起きる			
	III	来る する			

3.

A：何か飲みますか。   A：何か飲む。

B：はい、コーヒーを飲みます。   B：うん、コーヒーを飲む。

A：アルバイトをしていますか。   A：アルバイトをしている。

B：ええ、少ししています。   B：うん、少ししている。

A：けさの新聞を読みましたか。   A：けさの新聞を読んだ。

B：はい、読みました。   B：うん、読んだ。

A：10円玉がありますか。   A：10円玉がある。

B：いいえ、ありません。   B：ううん、ない。

A：そのじしょ、もうつかいませんか。 A：そのじしょ、もうつかわない。

B：はい、つかいません。どうぞ。 B：うん、つかわない。どうぞ。

4.

ていねい体		ふつう体	
青い	です	青い	
青かった	です	青かった	
青くない	です	青くない	
青くなかった	です	青くなかった	
きれい	です	きれい	だ
きれい	でした	きれい	だった
きれい	では　ありません〈じゃ〉	きれい	では　ない〈じゃ〉
きれい	では　ありませんでした〈じゃ〉	きれい	では　なかった〈じゃ〉
子ども	です	子ども	だ
子ども	でした	子ども	だった
子ども	では　ありません〈じゃ〉	子ども	では　ない〈じゃ〉
子ども	では　ありませんでした〈じゃ〉	子ども	では　なかった〈じゃ〉

【練習Ｂ】

1. 例のように変えなさい。

例1：来年、大学に入ります。 → 来年、大学に入る。

例2：欠席もちこくもしません。 → 欠席もちこくもしない。

(1) 先生の話をよく聞きます。

(2) 授業を休みません。

(3) まじめに勉強します。

(4) よるおそくまで本を読みます。

(5) 宿題を忘れません。

(6) いいせいせきで卒業します。

2. 例のように変えなさい。

例1：くすりの会社に入りました。 → くすりの会社に入った。

例2：欠席もちこくもしませんでした。 → 欠席もちこくもしなかった。

(1) 1日も会社を休みませんでした。

(2) まじめに仕事をしました。

(3) 夜おそくまで会社にいました。

(4) 課長のわるぐちも言いませんでした。

(5) けっしておこりませんでした。

(6) こうはいに親切にしました。

３．例のように答えなさい。

　　例１：図書館へ行く？（はい）

　　　　　→　はい、行きます。

　　例２：きっさてんへ行く？（いいえ）

　　　　　→　いいえ、行きません。

　　(1) あたまがいたい？（はい、すこし）　　(4) 歩いて行く？（はい）

　　(2) ねつがある？（いいえ）　　　　　　　(5) このくすりを持って行く？（いいえ）

　　(3) 授業を休む？（いいえ）　　　　　　　(6) かさがある？（はい）

４．例のように変えなさい。

　　例：土曜日のよる、友だちのうちへ行きました。友だちはテレビを見ていました。

　　　　→　土曜日のよる、友だちのうちへ行った。友だちはテレビを見ていた。

　　(1) 日曜日、あさ８時に起きました。いい天気でした。

　　(2) あさごはんを作って食べました。おいしかったです。

　　(3) １週間分のせんたくをしました。とてもたくさんありました。

　　(4) 宿題の作文を書きました。あまり上手にできませんでした。

　　(5) スーパーへ買い物に出かけました。外はとても暑かったです。

　　(6) スーパーでは何も買いませんでした。いいものがありませんでした。

５．例のように言いなさい。

　　例：そのおかし、おいしい？　→　ええ、おいしいです。

　　(1) あした、ひま？　　　　(3) あしたは休み？

　　(2) 北海道は寒かった？　　(4) こんばん、いそがしい？

(5) 試験は、むずかしかった？　　(7) あの人、先生？

(6) その時計、せいかく？

6．例のように言いなさい。

例：外は暑い？　→　いいえ、暑くないです。

(1) そのかばん、重い？　　(5) 旅行、楽しかった？

(2) 気分がわるい？　　(6) りょうり、おいしかった？

(3) あたま、いたい？　　(7) きのう、雨だった？

(4) あの部屋、静か？　　(8) かのじょ、元気だった？

【練習C】

1．次の会話の練習をしなさい。

(1) A「ちょっと、ちょっと、□□□□□人だね。」

　　B「えっ、どの人？」

　　A「ほら、あそこ。あの□□□□□の。」

　　B「ああ、あれは□□□□□じゃない。」

(2) A「読んだ？　あの□□□□□。」

　　B「読んだ、読んだ。□□□□□ね。」

2．次の文を「ふつう体」に変えなさい。

　西村さんは、けさ8時半に起きました。たいへんです。会社は9時に始まります。急いでかおをあらって、ふくを着て、8時40分にうちを出ました。

　駅まで歩いて10分かかります。西村さんは大急ぎで走りました。駅で時計を見ました。

8時45分でした。8時46分の電車に乗って8時53分に会社の近くの駅に着きました。

　いつもは駅から歩きますが、今日はタクシーに乗りました。「急いでください。」と、運転手さんに言いました。8時59分に会社に着きました。間に合いました。しかし、へんです。会社のドアが開きません。西村さんはかばんから新聞を出して見ました。ああ、今日は日曜日でした。

第17課 新出語

ちょっと ちょっと	じょゆう(女優)	みどり
えっ ほんとう？(本当…)	うん まちがいない(間違い…)	サイン
いやあ	はずかしい(恥ずかしい)	

【文型】

～ばい(～倍)	だから	いっぱい
～じゅう(～中)	ビデオカメラ	たりる(足りる)
なっとう(納豆)	たまに	

【練習Ａ】

うん	ううん

【練習Ｂ】

けっせき(欠席)―する	ちこく(遅刻)―する	よるおそい(夜遅い)
せいせき(成績)	かちょう(課長)	わるぐち(悪口)
いう(言う)	けっして(決して)	おこる(怒る)

こうはい(後輩)　　　　　〜ぶん(〜分)　　　　　　かし(菓子)
せいかくな(正確な)　　　　かのじょ(彼女)

【練習C】

にしむら(西村)　　　　　　はじまる(始まる)　　　　ふく(服)
おおいそぎ(大急ぎ)　　　　うんてんしゅ(運転手)　　まにあう(間に合う)

第18課　　　新聞を読むことができますか

鈴　木　「日本語の勉強をはじめてから、どのくらいになりますか。」
すず　き

ジョン　「そうですね。日本へ来る前に3年、日本へ来てから2年勉強

　　　　　しましたから、ちょうど5年になります。」

鈴　木　「失礼ですが、日本語の新聞を読むことができますか。」
　　　　しつれい

ジョン　「ええ、まあ、80パーセントぐらいですね。あとは漢字がむず

　　　　　かしくてわかりません。」

鈴　木　「漢字を読むことと書くこととでは、どちらがむずかしいです

　　　　　か。」

ジョン　「もちろん書くことですよ。」

【文型】

1. ピアノをひくことができますか。

　　　　はい、できます。

2. よくあの食堂へ行きますか。

　　　　たまに行くこともあります。でも、いつもはべんとうを持ってきます。

3. 今年のもくひょうは何ですか。

　　　　車のめんきょをとることです。

4. 勉強することと遊ぶことと、どちらがすきですか。

　　　　もちろん遊ぶことです。

5. ごはんを食べる前にお風呂に入りますか。
　　　　　　　　　ふろ

　　　　いいえ、今日は食べてから入ります。

【練習A】　1.「辞書形」を作りなさい。

Iグループ

貸し	し	ます	貸	す
なおし	し	ます		
思い出し	し	ます		
行き	き	ます	行	く
書き	き	ます		
歩	き	ます		
急ぎ	ぎ	ます	急	ぐ
泳ぎ	ぎ	ます		
ぬ	ぎ	ます		
読み	み	ます	読	む
休み	み	ます		
飲み	み	ます		

取	り	ます	取	る
入	り	ます		
すわ	り	ます		
帰	り	ます		
待	ち	ます	待	つ
立	ち	ます		
買	い	ます	買	う
はら	い	ます		
使	い	ます		

IIグループ

食べ	ます	食べ	る
出	ます		
見せ	ます		
寝	ます		
覚え	ます		
起き	ます	起き	る
降り	ます		
でき	ます		

IIIグループ

来	ます	来	る
勉強し	ます	勉強す	る
運転し	ます		
ピンポンし	ます		

2.

(1) わたしは ┃ ピンポン ┃ ができます。

ピアノ

運転

(2) わたしは ┃ 日本語を話す ┃ ことができます。

日本りょうりを作る

ピアノをひく

泳ぐ

(3) たまに ┃ ちこくする ┃ ことがあります。

外で食事をする

はがいたくなる

宿題を忘れる

(4) わたしの趣味は ┃ 切手をあつめる ┃ ことです。
　　　　しゅみ

えをかく

写真をとる

音楽を聞く

(5)

寝る	前に	はをみがきます。
旅行に行く		パスポートをじゅんびします。
部屋を出る		電気を消してください。
うちへ来る		電話をかけてください。
試験が始まる		質問をひとつしてもいいですか。

【練習Ｂ】

１．例のように言いなさい。

(1) 例：スキー → わたしはスキーができます。

①ピンポン　　　④運転

②テニス　　　　⑤車のしゅうり

③水泳

(2) 例：英語 → わたしは英語を話すことができます。

①中国語　　　　④韓国語
　　　　　　　　　かんこく
②インドネシア語　⑤フランス語

③タイ語

(3) 例：すし → わたしはすしを作ることができます。

①すきやき　　　④みそしる

②カレー　　　　⑤てんぷら

③ぎょうざ

167

2．例のように文を変えなさい。

例１：なっとうを食べます。　→　なっとうを食べることができます。

例２：なっとうを食べません。　→　なっとうを食べることができません。

(1) ひとりで新宿へ行きません。

(2) 今日はひまです。いっしょに買い物をします。

(3) このカードできっぷを買います。

(4) こんどの電車は、この駅に止まります。乗ります。

(5) この電車は、こんでいます。すわりません。

(6) ここから運転士の運転を見ます。
　　　　うんてんし

(7) この出口から出ます。

3．例のように質問を作りなさい。

例：　［車、運転します］

　　　　→　車を運転することができますか。

(1) ［ワープロ、使います］　　　(6) ［英語、説明します］

(2) ［日本語、電話をかけます］　(7) ［ダンス、します］

(3) ［ピアノ、ひきます］　　　　(8) ［ひとり、着物を着ます］

(4) ［中国のうた、うたいます］　(9) ［500メートル、泳ぎます］

(5) ［日本りょうり、作ります］　(10) ［このいす、2かいまで持って行きます］

4．例のように答えなさい。

例１：毎日この食堂で食べますか。（ホテルのレストランへ行きます。）

　　　　→　たいていここで食べますが、たまにホテルのレストランへ行くことが
　　　　　　あります。

168

例２：毎日この食堂で食べますか。（昼ごはんを食べません。）

　　　→ たいていここで食べますが、たまに昼ごはんを食べないことがあります。

(1) 毎日おべんとうを持ってきますか。（学校の食堂で食べます。）

(2) 毎朝ジョギングをしますか。（朝ねぼうをして、休みます。）

(3) 毎晩勉強をしますか。（テレビを見て、寝ます。）

(4) 毎日漢字の練習をしますか。（漢字の練習をしません。）

(5) 毎日パンを食べますか。（ごはんを食べます。）

(6) 毎晩アルバイトをしますか。（えいがを見に行きます。）

(7) 毎日かのじょに会いますか。（かのじょに会いません。）

(8) 毎日サッカーの練習をしますか。（サッカーの練習をしません。）

5．例のように文を変えなさい。

　例：ギターをひきます。

　　　→ 私のしゅみはギターをひくことです。

(1) 切手をあつめます。　　　　　(6) 写真をとります。

(2) カラオケでうたいます。　　　(7) きっぷをあつめます。

(3) 音楽を聞きます。　　　　　　(8) おかしを作ります。

(4) 旅行をします。　　　　　　　(9) 山にのぼります。

(5) ドライブをします。　　　　　(10) 小説を読みます。

6．例のように文を作りなさい。

　例：手をあらいます。→ ごはんを食べます。

　　　→ ごはんを食べる前に、手をあらいます。

(1) きっぷを買います。　→　電車に乗ります。

(2) くすりを飲んでください。　→　寝ます。

(3) 日本語を3年勉強しました。　→　日本へ来ました。

(4) 家をたてます。　→　けっこんします。
　　　いえ

(5) パスポートをじゅんびします。　→　海外旅行をします。

(6) そうじきをかけます。　→　ぞうきんでふきます。

(7) こんやくしました。　→　大学を卒業しました。

(8) くつをぬぎます。　→　うちに上がります。

【練習C】

1．次の会話の練習をしなさい。

(1) A「　　　　　　てから、どのくらいになりますか。」

　　B「そうですね、ちょうど　　　　　　になります。」

(2) A「失礼ですが、　　　　　　ができますか。」
　　　しつれい

　　B「ええ、まあ、　　　　　　ぐらいですね。」

(3) A「　　　　　と　　　　　とでは、どちらがむずかしいですか。」

　　B「もちろん　　　　　ですよ。」

2．クラスの友だちに聞いて答えなさい。

(1) となりの人は、つぎのことができますか。表を作りなさい。
　　　　　　　　　　　　　　　　　　　　ひょう

　　よくできる＝○　少しできる＝△　ぜんぜんできない＝×

英語 (話す)	テニス	中国料理 りょうり (作る)	さしみ (食べる)	ピアノ (ひく)	東京駅 (一人で行く)	朝早く 起きる

例：（英語で話す）

　　①あなた「あなたは英語で話すことができますか。」

　　　友だち「はい、よくできます。」→○

　　②あなた「あなたは英語で話すことができますか。」

　　　友だち「はい、少しできます。」→△

　　③あなた「あなたは英語で話すことができますか。」

　　　友だち「いいえ、ぜんぜんできません。」→×

(2) クラスの友だちは、下のことをすることがありますか。

　よくする＝○　ときどきする＝△　ぜんぜんしない＝×

朝ねぼう する	ちこく する	デート する	宿題を 忘れる	タクシー に乗る	日本のえい がを見る	日本人の 家へ行く

例：（さんぽをする）

　　①あなた「あなたはさんぽをすることがありますか。」

　　　友だち「はい、よくします。」→○

171

②あなた「あなたはさんぽをすることがありますか。」

友だち「はい、ときどきします。」→△

③あなた「あなたはさんぽをすることがありますか。」

友だち「いいえ、さんぽをすることはありません。」→×

3. あなたのクラスの友だちのしゅみをしらべましょう。

友だちの名前	しゅみ

第 18 課 新出語

パーセント	ちょうど	ええ　まあ
もちろん	こと(事)	

【文型】

〔ピアノを〕ひく	もくひょう(目標)	めんきょ(免許)

【練習Ａ】

〜グループ	なおす(直す)	おもいだす(思い出す)
たつ(立つ)	はらう(払う)	ピンポン―する
しゅみ(趣味)	パスポート	じゅんび(準備)―する

【練習Ｂ】

しゅうり(修理)―する	ピンポン	すきやき
カレー	ぎょうざ	みそしる
カード	とまる(止まる)	こむ(混む)
うんてんし(運転士)	おどる(踊る)	きもの(着物)
〜メートル	たいてい	ジョギング
れんしゅう(練習)―する	カラオケ	うたう(歌う)
ドライブ	のぼる(登る)	いえ(家)
たてる(建てる)	ようい(用意)―する	かいがいりょこう(海外旅行)
そうじき(掃除機)	〔掃除機を〕かける	ぞうきん(雑巾)
ふく(拭く)	こんやく(婚約)―する	あがる(上がる)

【練習Ｃ】

デート―する	ときどき

第19課　　忘れないでくださいよ

山　　田　「では、これで今日の授業を終わります。宿題は、会話の暗記と作文です。」

スラメット　「先生、この会話はいつもより長いですが、全部暗記しなければなりませんか。」

山　　田　「少し長いですが、全部覚えてください。」

スラメット　「でも、先生、これは長くて、むりですよ。」

山　　田　「ううん……、では、12行目からあとは覚えてこなくてもいいです。」

スラメット　「作文もあした出さなければなりませんか。」

山　　田　「作文はあさってまででいいです。でも、忘れないでくださいよ。」

【文型】

１．あぶないですから、電車のまどからかおや手を出さないでください。

２．わたしがいっしょに行かなくてもいいですか。

　　　　ええ、どうぞ心配しないでください。

３．ここでくつをぬがなければなりませんか。

　　　　ええ、ぬいでください。

　　　　いいえ、ぬがなくてもいいです。

４．どうしても今日じゅうに帰らなければなりませんか。

　　　　ええ、みんなが待っていますから（今日じゅうに帰らなければ

　　　　なりません）。

５．病院へ行かなければなりませんか。

　　　　はい、行かなければなりません。

　　　　いいえ、行かなくてもいいです。

【練習Ａ】

1. 「ない形」を作りなさい。

Ⅰグループ

書	き	ます	書	か	ない
行	き	ます			
働	き	ます			
ぬ	ぎ	ます	ぬ	が	ない
急	ぎ	ます			
泳	ぎ	ます			
読	み	ます	読	ま	ない
飲	み	ます			
休	み	ます			
よ	び	ます	よ	ば	ない
飛	び	ます			
遊	び	ます			
取	り	ます	取	ら	ない
切	り	ます			
※知	り	ます			
終わ	り	ます			
帰	り	ます			

待	ち	ます	待	た	ない
立	ち	ます			
持	ち	ます			
買	い	ます	買	わ	ない
す	い	ます			
言	い	ます			
貸	し	ます	貸	さ	ない
出	し	ます			
話	し	ます			

（※「知ります」は「～ます」の形では使いません）

176

Ⅱグループ

食べ	ます	食べ	ない
覚え	ます		
忘れ	ます		
入れ	ます		
つけ	ます		
見	ます	見	ない
起き	ます		
い	ます		

Ⅲグループ

来	ます	来	ない
し	ます	し	ない
勉強し	ます		
心配し	ます		
暗記し	ます		
買物し	ます		

2.

(1)

土曜日にも会社へ	行か	なければなりません。
今日は早くうちへ	帰ら	なければなりません。
明日の朝6時に	起き	なければなりません。
客が来ますから、部屋をきれいに	し	なければなりません。

(2) 日曜日には

働か	なくてもいいです。
早く起き	なくてもいいです。
勉強し	なくてもいいです。

177

(3) 試験のとき、となりの人と

話さ	ないでください。

辞書を

引か	ないでください。

教科書を

見	ないでください。

カンニングを

し	ないでください。

3.

何を飲みますか。／

お茶で	いいです。

ペンで書かなければなりませんか。／

えんぴつで	いいです。

いんかんがありませんが。／

サインで	いいです。

【練習B】

1. 例のように言いなさい。

例：パスポートをなくさないでください。（お金）

→ お金をなくさないでください。

(1) かぎ　　　　　　　(5) 通帳
　　　　　　　　　　　　　つうちょう
(2) カメラ　　　　　　(6) えいがのきっぷ

(3) ほけんしょう　　　(7) ていきけん

(4) キャッシュカード

2. 例のように言いなさい。

例：駅でたばこをすわないでください。（教室）

→ 教室でたばこをすわないでください。

178

(1) 病院　　　　(5) ベッド

(2) 電車の中　　(6) ガソリンスタンド

(3) この部屋　　(7) わたしの部屋

(4) 自動車の中

3．例のように文を変えなさい。

例：年をききます。

　　→ 年をきかないでください。

(1) 宿題を忘れます。　　　(5) あまいものを食べます。

(2) テレビを消します。　　(6) 車で来ます。

(3) ろうかを走ります。　　(7) ここで泳ぎます。

(4) 夜おそく電話します。　(8) えんぴつで書きます。

4．例のように文を完成しなさい。

例：さいふ → さいふをなくさないでください。

　　　　　 → さいふを落とさないでください。

(1) タバコ　　　　(5) (ここに)車

(2) おさけ　　　　(6) けんか

(3) 写真　　　　　(7) 欠席

(4) うた

179

5．例のように文を変えなさい。

　例：毎日勉強します。

　　　→　毎日勉強しなければなりません。

　(1) 試験を受けます。

　(2) 食事の後でくすりを飲みます。

　(3) 月曜日にレポートを出します。

　(4) 6時までここにいます。

　(5) 1週間に1回部屋をそうじします。

　(6) げんかんでくつをぬぎます。

　(7) 図書館にこの本をかえします。

　(8) 毎日漢字を10覚えます。

6．例のように文をかんせいしなさい。

　例：毎日ことばを

　　　→　（毎日ことばを）覚えなければなりません。

　(1) えいがかんに入る前にきっぷを

　(2) かぜをひきましたから、病院へ

　(3) 母がるすですから、ごはんを

　(4) 10日までに電話代を

　(5) 旅行の前にホテルを

　(6) 友だちが来ますから、部屋を

　(7) あしたは1時間目から授業がありますから、早く

　(8) たいせつなしょるいですから、黒のペンではっきり

7. 例のように文を作りなさい。

例：わたしがお金をはらいます。あなたははらいません。

→ わたしがお金をはらいますから、あなたははらわなくてもいいです。

(1) あしたは日曜日です。学校へ行きません。

(2) 時間があります。そんなに急ぎません。

(3) うちにあります。買いません。

(4) ねつが下がりました。くすりを飲みません。

(5) 日本語がわかります。英語で話しません。

(6) 奨学金をもらっています。アルバイトをしません。

(7) 大学の寮に入っています。下宿をさがしません。

(8) 外でたべます。ごはんを作りません。

8. 例のように答えなさい。

例：この文を覚えなければなりませんか。

→ いいえ、覚えなくてもいいです。

(1) この本を読まなければなりませんか。

(2) 手術しなければなりませんか。

(3) 住所を書かなければなりませんか。

(4) 名刺をわたさなければなりませんか。

(5) かぎをかけなければなりませんか。

(6) ほけんしょうを見せなければなりませんか。

(7) いんかんをおさなければなりませんか。

(8) かわをむかなければなりませんか。

【練習C】

１．次の会話を練習しましょう。

(1) A 「では、これで _____ を終わります。質問がありますか。」

  B 「はい、月曜日に _____ なければなりませんか。」

  A 「いいえ、_____ なくてもいいです。」

(2) A 「あしたまでに _____ なければなりませんよ。」

  B 「でも……それは、ちょっとこまります。」

  A 「ううん……では、_____ は、してこなくてもいいです。」

２．次の文を読んで、後の質問に答えなさい。

> よひょうは山の中で、ツルに会いました。そのツルはけがをしていて、飛ぶことができませんでした。よひょうはそのツルをたすけました。
>
> ある晩、うつくしい女の人がよひょうのうちへ来ました。そして、……
>
> 「わたしをおよめさんにしてください。」と、言いました。
>
> よひょうはうれしくて、赤くなりました。その女の人の名前はツウと言いました。
>
> ツウはきれいなぬのをおることが上手でした。ツウのぬのは高いねだんで、みんなが買いました。
>
> 「よひょうさん。わたしが働きますから、あなたは働かなくてもいいです。でも、仕事のとき、ぜったいわたしの部屋を見ないでください。」と、ツウは言いました。
>
> しかし、ある日、よひょうはツウの部屋を見ました。
>
> そこでは、１羽のツルが自分の羽（わ）をぬいて、ぬのをおっていました。そのツルはツ

ウでした。

「よひょうさん、見ましたね。もう、わたしはぬのをおることはできません。私は山へ帰らなければなりません。……さようなら。」

ツウはツルになって、飛んで行きました。

「わたしがわるかった。わたしがわるかった。ツウー。」

質問　(1) ツウは、何が上手でしたか。

　　　(2) ツウは、よひょうに何をしてはいけないと言いましたか。

　　　(3) ツウは、どうして、よひょうに働かなくてもいいと言いましたか。

　　　(4) ツウは、どこへ帰らなければなりませんでしたか。

　　　(5) ツウは、どうして、よひょうのうちに来ましたか。

　　　(6) よひょうはどんな人だと思いますか。

3．次の表を見て、質問に答えなさい。

佐藤良夫 さとうよしお	56	父	会社の課長 かちょう	つりに行きたい	今、会社はたいへんいそがしい
みち	51	母	学校の先生	旅行したい	今、入学試験でいそがしい
隆史 たかし	26	兄	会社員	写真がすき	あした、会社は休み
ユリ	20	姉	大学生	眠い ねむ	あした、授業は午後から
正雄 まさお	17	弟	高校生	野球がしたい やきゅう	あした、数学の試験がある すうがく

(1) お父さんは、あした会社を休んでもいいですか。

(2) お母さんは、旅行をしてもいいですか。

(3) お兄さんは、あした、写真をとりに行ってもいいですか。

183

⑷ 正雄さんは、今晩勉強をしなくてもいいですか。

⑸ ユリさんは、あした、早く起きなくてもいいですか。

日　記

　来週はいよいよ第１回の定期試験だ。覚えなければならないことがたくさんある。忙しい日が続いて、しばらく両親や友だちに手紙を書いていない。

　毎晩一人でおそくまで勉強している。よく国の家族や友だちのことを思い出す。特にガールフレンドのことを思い出して、飛んで帰りたくなることもある。しかし、簡単に帰ることはできない。ときどき夢の中に彼女が出てくることがある。今は夢の中でしか彼女に会うことができない。早く手紙を書きたいが、それも試験が終わってからだ。夢の中でだけでもいいから、彼女の顔が見たい。だから、今日も寝る前に祈る、夢に彼女がでてくることを。

第 19 課　新出語

あんき (暗記)—する	むり (無理)—な	ううん…
～ぎょう (～行)	～め (～目)	

【文型】

あぶない (危ない)	どうしても	しんぱい (心配)—する
どうぞ〔～下さい〕		

【練習A】

〔辞書を〕ひく	カンニング

【練習B】

なくす	ほけんしょう (保険証)	つうちょう (通帳)
ていきけん (定期券)	ベッド	ガソリンスタンド
とし (年)	おとす (落とす)	けんか (喧嘩)—する
ことば (言葉)	るす (留守)	～だい (～代)
しょるい (書類)	たいせつ (大切)—な	さがる (下がる)
しょうがくきん (奨学金)	ぶん (文)	しゅじゅつ (手術)—する
めいし (名刺)	いんかん (印鑑)	おす (押す)
むく (剝く)		

【練習C】

こまる (困る)	よひょう	ツル (鶴)
けが (怪我)	たすける (助ける)	ある～
およめさん (お嫁さん)	ツウ	ぬの (布)
おる (織る)	ぜったい (絶対)	～わ (～羽)
ぬく (抜く)	さようなら	わるい (悪い)
よしお (良夫)	みち	たかし (隆史)
かいしゃいん (会社員)	ユリ	まさお (正雄)
つり (釣り)	にゅうがくしけん (入学試験)	はね (羽)

【文章】

にっき (日記)	いよいよ	ていきしけん (定期試験)
つづく (続く)	ガールフレンド	ゆめ (夢)
いのる (祈る)		

第20課　　行ったことがありますか

田　中　「ジョンさんは国会図書館へ行ったことがありますか。」

ジョン　「いいえ、一度もありません。名前は聞いたことがありま

　　　　すが……。」

田　中　「あそこはぜひ一度行ったほうがいいですよ。」

ジョン　「あ、そうですか。日曜日も開いていますか。」

田　中　「いいえ、隔週の土曜日と毎週日曜日は利用できませんが、
　　　　　かくしゅう

　　　　平日は夕方5時まで開いています。」

ジョン　「じゃあ、今度ぜひ行きます。」

【文型】

１．授業を休んだことがありますか。

　　　　はい、一度（休んだことが）あります。

　　　　いいえ、ぜんぜん（休んだことが）ありません。

２．あの町をよく知っていますか。

　　　　はい、よく知っています。３年ほど住んでいたことがありますから。

　　　　いいえ、よく知りません。一度しか行ったことがありませんから。

３．先生に言ったほうがいいですか、言わないほうがいいですか。

　　　　もちろん言ったほうがいいですよ。

４．勉強をしたあとで、いつも何をしますか。

　　　　テレビを見ます。そのあとでお風呂に入ります。

187

Ⅰグループ

―	ます	―	た
出し	ます	出し	た
話し	ます		
さがし	ます		
働き	ます	働い	た
聞き	ます		
着き	ます		
行き	ます	行っ	た
急ぎ	ます	急い	だ
ぬぎ	ます		
読み	ます	読ん	だ
飲み	ます		
遊び	ます		
しに	ます		
買い	ます	買っ	た
あらい	ます		
待ち	ます		
作り	ます		
帰り	ます		

Ⅱグループ

―	ます	―	た
食べ	ます	食べ	た
寝	ます		
始め	ます		
あげ	ます		
出	ます		
生まれ	ます		
見	ます	見	た
い	ます		
起き	ます		
でき	ます		

Ⅲグループ

―	ます	―	た
来	ます	来	た
し	ます	し	た
旅行し	ます		
出発し	ます		
勉強し	ます		
練習し	ます		

2.

(1) わたしは

インド料理を	食べた
馬に	乗った
タイへ	行った

ことがあります。

(2) 病気ですから

くすりを	飲んだ
はやく	寝た
病院へ	行った
外へ	出ない
タバコを	すわない
大きい声で	話さない

ほうがいいです。

(3)

宿題をした
試験が終わった
本を読んだ

後で

テレビを見ました。
パーティーをしましょう。
作文を書いてください。

3.

だれも（ひとりも）	いません。
どこにも	ありません。
何も	食べたくないです。
一度も	行ったことがありません。

4.

富士山に　| 何度も | のぼったことがあります。
ふじさん
　　　　　| 何回も |

【練習Ｂ】

1. 例のように文を作りなさい。

　例：ちこくしました → わたしはちこくしたことがあります。

　(1) おさけをのみました。

　(2) やくそくをわすれました。

　(3) 京都へ行きました。

　(4) 韓国料理を食べました。
　　　かんこく

　(5) 飛行機に乗りました。

　(6) ダンスをしました。

　(7) 会社で働きました。

2. 例のように文を作りなさい。

　例：［おなかがいたいです。］　病院へ行きます。

　　　→ 病院へ行ったほうがいいです。

　(1) ［ねむいです。］　コーヒーを飲みます。

　(2) ［漢字はむずかしいです。］　たくさん練習します。

　(3) ［友だちから手紙が来ません。］　電話をかけます。

　(4) ［時間がありません。］　急ぎます。

190

(5)［使いかたがわかりません。］　説明書をよく読みます。

(6)［あしたの朝5時に出発します。］　もう寝ます。

(7)［日本語が下手です。］　もっと日本人と話します。

3．例のように文を完成しなさい。

例1：ねつがありますから、くすりを＿＿飲んだ＿＿ほうがいいです。（飲む）

例2：あまりおさけを＿＿飲まない＿＿ほうがいいです。（飲む）

(1) 毎日新聞を買って、＿＿＿＿＿＿ほうがいいです。（読む）

(2) 漢字は毎日＿＿＿＿＿＿ほうがいいです。（練習する）

(3) からだにわるいことは＿＿＿＿＿＿ほうがいいです。（やめる）

(4) この話はあの人に＿＿＿＿＿＿ほうがいいです。（する）

(5) あの店は高いから、＿＿＿＿＿＿ほうがいいです。（買う）

(6) 夏休みは国へ＿＿＿＿＿＿ほうがいいです。（帰る）

(7) 分からないときは、先生や友だちに＿＿＿＿＿＿ほうがいいです。（聞く）

4．例のように言いなさい。

例：（ごはんを食べます）（おふろに入ります）

　　→ ごはんを食べた後で、おふろに入ります。

(1)（日本語を勉強します）（大学に入ります）

(2)（手をあらいます）（ごはんを食べます）

(3)（電気を消します）（部屋を出ます）

(4)（シャワーをあびます）（プールに入ります）

(5)（大学を卒業します）（働きます）

(6)（会社で実習します）（国へ帰ります）
　　　じっしゅう

5．下のはこの中から、ひとつ選んで、（　）の中に入れなさい。
　　　　　　　　　えら

| どこへも　　なにも　　いちども　　なんでも |
| ひとつも　　ひとりも　　なんども |

　例：教室には（　だれも　）いません。

　(1) 雨が降っていますから、（　　）行きたくないです。

　(2) インドネシアには（　　）行ったことがありません。

　(3)（　　）電話をしましたが、田中さんはいませんでした。

　(4) 3か月前に日本へ来ましたが、まだ（　　）旅行していません。

　(5) きのうのことは、（　　）覚えていません。

　(6) あの人は、日本の歴史は（　　）知っています。

【練習C】

１．次の会話を練習しなさい。

　(1) A「 [　　　　　] さんは、[　　　　　] たことがありますか。」

　　　B「いいえ、一度もありません。名前は聞いたことがありますが……。」

⑵　下の表を見て、会話の練習をしなさい。

	営　業　時　間	定休日 ていきゅうび
東西 銀行	９：００〜１５：００	土・日曜日
東 郵便局	９：００〜１７：００	土・日曜日
サンワ・ランドリー	８：２０〜１９：３０	木曜日
みきコンビニエンス	６：００〜２３：００	第２金曜日

A「　　　　　　　　　　は、　　　　　　　　　　も 開いていますか。」

B「いいえ、　　　　　　　　　は、利用できませんが、　　　　　　　　は　　　　　　　　

まで開いています。」

2．クラスの友だちや先生に聞いて、「はい」のときは○、「いいえ」のときは×を（　　）

の中に書きなさい。

⑴（　　）広島へ行ったことがありますか。
　　　　ひろしま

⑵（　　）富士山にのぼったことがありますか。
　　　　ふ じ さん

⑶（　　）学校を休んだことがありますか。

⑷（　　）学校におくれたことがありますか。

⑸（　　）アルバイトをしたことがありますか。

⑹（　　）忘れ物をしたことがありますか。

⑺（　　）外国へ行ったことがありますか。

⑻（　　）けんかをしたことがありますか。

⑼（　　）うそをついたことがありますか。

3．どちらがいいでしょうか。あなたの考えを言ってください。

(1) かぜをひいて、あたまがいたいです。病院へ行きますか、うちで寝ていますか。

(2) 大阪へ行きたいです。飛行機で行きますか、新幹線で行きますか。

(3) あした、友だちが成田に着きます。しかし、あしたは授業があります。むかえに行きますか、行きませんか。

(4) 今月はお金がたりなくなりました。わたしは親切な金持ちの友だちがあります。この友だちからお金を借りますか、アルバイトをしますか。

(5) 私のきぼうは、工場経営の勉強をすることです。工学部の経営工学科に入りますか、政経学部の経営学科に入りますか。

第 20 課 新出語

こっかいとしょかん(国会図書館)	いちども(一度も)	ぜひ
かく〜(隔〜)	〜しゅう(〜週)	りよう(利用)―する
へいじつ(平日)		

【文型】
〜ほど(〜程)

【練習A】
うま(馬)

【練習B】

やくそく(約束)	つかいかた(使い方)	せつめいしょ(説明書)
もっと	やめる(止める)	

【練習C】

とうざいぎんこう(東西銀行)	ひがしゆうびんきょく(東郵便局)	サンワランドリー
みきコンビニエンス	えいぎょうじかん(営業時間)	ていきゅうび(定休日)
だい〜(第〜)	ひろしま(広島)	うそ(嘘)
〔嘘を〕つく	むかえる(迎える)	かねもち(金持ち)
きぼう(希望)	けいえい(経営)	けいえいこうがくか(経営工学科)
せいけいがくぶ(政経学部)	けいえいがっか(経営学科)	

第21課　　アラビア語で　何と言いますか

山　　　川　「モハメドさん、『今日は』はアラビア語で何と言いますか。」

モハメド　「『アッサラーム・アレークム』と言います。でも、いみも

使い方も日本語とはすこしちがうと思います。」

山　　　川　「どんな点が違いますか。」

モハメド　「そうですね。たとえば、日本語では家族に『今日は』とは

言いませんね。」

山　　　川　「そうですね。ちょっとおかしいですね。」

モハメド　「でも、アラビア語の『アッサラーム・アレークム』はいつ

でもどこでもだれにでも使うことができます。」

【文型】

１．あの人は来ると思いますか。

　　　　はい、かならず来ると思います。

　　　　いいえ、来ないと思います。

２．あの学生は今朝授業に出ていましたか。

　　　　はい、たしか出ていたと思います。

　　　　いいえ、たしか出ていなかったと思います。

３．あの子は８歳ぐらいですか。

　　　　いいえ、もっと大きいと思いますよ。10歳くらいだと思います。

　　　　いいえ、そんなに大きくはないと思いますよ。

　　　　ええ、だいたいそのぐらいだと思います。

４．"Thank you" は日本語で何と言いますか。

　　　　「ありがとう」と言います。

５．山田さんは今日は病院へ行くので休むと言っていました。

　　　　そうですか。山田さんにお大事にと伝えてください。

６．先生は何と言っていましたか。

　　　　あしたは第３課の試験をすると言っていました。

【練習Ａ】

1. 鈴木さんは

まだいる
もういない
もう帰った
きのう来なかった
はがわるい
気が短くない
どくしんだ
どくしんではない
じょうぶだ
じょうぶではない

と思います。

2. 先生は

テストをする
テストをしない
試験はむずかしい
試験はむずかしくない
あしたは休みだ
あしたは休みではない

と言いました。

3. 先生は

何
何時に帰る
何がいい
どこへ行く

と言っていましたか。

【練習B】

1.
> まじめな山川さんが、まだ来ていません。

　あなたはどう思いますか。次の言葉を使って、例のように答えなさい。
　　例：電車のじこがありました。

　　　→ 電車のじこがあったと思います。

(1) 病気です。　　　　　　　(5) 時間を間違えました。

(2) まだねています。　　　　(6) 集合の場所を間違えました。

(3) バスがおくれました。　　(7) この場所が分かりません。

(4) けがをしました。　　　　(8) 何かありました。

2. 例のように答えなさい。

　　例：日本語はむずかしいと思いますか。(はい、たいへん)

　　　→ はい、たいへんむずかしいと思います。

(1) キムさんは今日来ますか。(はい、かならず)

(2) あした銀行はお休みですか。(はい、たしか)

(3) リーさんはたくさんおさけを飲みますか。(いいえ、そんなに)

(4) あの人は30歳ぐらいですか。(はい、だいたいそのぐらい)

(5) こんどのテストはむずかしかったですか。(いいえ、そんなに)

(6) 大川さんはあした来ますか。(いいえ)

(7) 山下さんは買い物が上手ですか。(いいえ、あまり)

３．例のように答えなさい。

例：「good morning」（日本語）

→ good morning は、日本語で何と言いますか。

(1)「おはようございます」（英語）

(2)「こちらこそ」（中国語）

(3)「さようなら」（タイ語）

(4)「どういたしまして」（インドネシア語）

(5)「わかりません」（韓国語）

(6)「しずかにしてください」（ブルガリア語）

(7)「ちょっとまってください」（デンマーク語）

４．例のように答えなさい。

例１：チンさんに何と言いますか。（あした数学の試験がある）

→ チンさんに、あした数学の試験があると言ってください。

例２：チンさんに何と言いますか。（土曜日に会いましょう）

→ チンさんに、土曜日に会いましょうと言ってください。

(1) ヤンさんに何と言いますか。（夕方、部屋へ来てください）

(2) チンさんに何と言いますか。（話があるから、後で行く）

(3) リーさんに何と言いますか。（あした、９時に学校で会う）

(4) 山田先生に何と言いますか。（病気で休みます）

(5) 田中先生に何と言いますか。（きのう、大使館へ行きました）

(6) ラタナさんに何と言いますか。（ちゃわんをこわしました。ごめんなさい）

(7) 山川さんに何と言いますか。（15分ぐらいおくれる）

【練習C】

1. 次の会話に、下の言葉を入れかえなさい。

　例：A「きのうの<u>会</u>には出ませんでしたが、<u>山田さん</u>は何と言っていましたか。」
　　　　　　①　　　　　　　　　　　　　　②

　　　B「ああ、<u>来週の土曜日に</u>、<u>パーティーをする</u>と言っていましたよ。」
　　　　　　　③　　　　　　　　　④

　(1)　①じゅぎょう　　　②田中さん　　③あした　　④しけんがある

　(2)　①会議　　　　　　②ラタナさん　③金曜日に　④もう一度する

　(3)　①パーティー　　　②リーさん　　③来週　　　④帰国する

　(4)　①たんじょうび会　②チンさん　　③25日に　　④結婚する

　(5)　①きのうの研修会　②社長　　　　③来年　　　④外国に会社をつくる

2. 次の会話を練習しなさい。

　　A「　　　　　　　　さん、『　　　　　　　　』は　　　　　　　　語で何と言いますか。」
　　B「『　　　　　　　　』と言います。」

3. 次はアリさんの話です。この話を読んで、問いに答えなさい。

> 　わたしはすもうがすきです。テレビでいつも見ています。すもうは1月、3月、5月、7月、9月、11月にあります。たまに国技館へすもうを見に行くことがあります。
> こくぎかん
> 1年に1度か2度ぐらいです。もっとたくさん見にいきたいと思いますが、ひまがありません。
>
> 　毎月、すもうのざっしを買っています。このざっしは750円で、少し高いと思います。おすもうさんの中には外国人もいます。わたしは外国人なので、外国人のおすもうさんがすきです。わたしは将来かならず外国人のよこづながおおぜい出てくると思います。そうなってほしいと思います。

(1) アリさんは、どんなことがすきだと言っていますか。

(2) すもうは1年に何回ありますか。

(3) アリさんは、毎回すもうを見に行くと言っていますか。

(4) アリさんは、すもうをたくさん見に行きたいと言っていますか。

(5) では、どうして、たくさん見に行きませんか。

(6) アリさんは、毎月何を買いますか。

(7) アリさんは、それを安いと思っていますか。

(8) アリさんは、どうして、外国人のおすもうさんがすきですか。

(9) アリさんは、外国人のおすもうさんに、何になってほしいと思っていますか。

4．例のように答えなさい。

　例：友だちが結婚します。日本では何と言いますか。

　　　「おめでとう」と言います。

(1) 朝、先生に会いました。あなたの国では何と言いますか。

(2) 夜、となりの人に会いました。あなたの国では何と言いますか。

(3) ごはんを食べる前にあなたの国では何と言いますか。

(4) ごはんを食べた後であなたの国では何と言いますか。

(5) ある人にプレゼントをもらいました。あなたの国ではその人に何と言いますか。

(6) 電話がかかってきました。あなたの国では何と言いますか。

第 21 課　新出語

モハメド　　　　　　　　　　　　こんにちは(今日は)　　　　　　　アラビア
アッサラーム・アレークム　　　いみ(意味)　　　　　　　　　　おもう(思う)
てん(点)　　　　　　　　　　　たとえば(例えば)　　　　　　　かぞく(家族)
おかしい(可笑しい)

【文型】

かならず(必ず)　　　　　　　たしか(確か)　　　　　　　　　ありがとう
おだいじに(お大事に)　　　　つたえる(伝える)

【練習A】

Thank you　　　　　　　　　みじかい(短い)　　　　　　　　き(気)

【練習B】

じこ(事故)　　　　　　　　　しゅうごう(集合)　　　　　　　まちがえる(間違える)
ばしょ(場所)　　　　　　　　かい(会)　　　　　　　　　　　Good morning
おはようございます　　　　　おおかわ(大川)　　　　　　　　やました(山下)
こちらこそ　　　　　　　　　どういたしまして　　　　　　　ブルガリア
デンマーク　　　　　　　　　ヤン　　　　　　　　　　　　　ちゃわん(茶碗)
こわす(壊す)　　　　　　　　ごめんなさい　　　　　　　　　きこく(帰国)―する

【練習C】

かい(会)　　　　　　　　　　けんしゅうかい(研修会)　　　　すもう(相撲)
こくぎかん(国技館)　　　　　しょうらい(将来)　　　　　　　よこづな(横綱)
〔電話が〕かかる　　　　　　おめでとう

202

第22課　　降るかもしれませんね

リ　ン　「田中さん、もう、そろそろ出かけるでしょう。駅まで

　　　　いっしょに行きませんか。」

田　中　「ああ、行きましょう。」

リ　ン　「あ、空が曇ってきましたよ。降るかもしれませんね。」

田　中　「そうかなあ。天気予報では晴れると言っていましたよ。

　　　　降らないでしょう。」

リ　ン　「でも、天気予報もときどきはずれますからね。かさ、

　　　　持っていったほうがいいですよ。」

田　中　「じゃあ、持っていきましょう。」

【文型】

1. 田中さんはあのことを知っているかもしれませんよ。

　　　　ええ、そうかもしれませんね。

2. ここから駅までどのくらいかかるでしょうか。

　　　　歩いて20分ぐらいだと思います。

3. あしたの試験はむずかしいでしょうか。

　　　　ええ、きっとむずかしいでしょう。

　　　　そうですねえ。そんなにむずかしくないでしょう。

4. もうニューヨークに着いたでしょうか。

　　　　ええ、もう着いたかもしれませんね。

　　　　ええ、たぶんもう着いたでしょう。

　　　　ええ、たぶんもう着いただろうと思います。

　　　　いいえ、たぶんまだ着いていないでしょう。

5. 日本はぶっかが高いでしょう。

　　　　はい、とても高いです。

　　　　いいえ、そんなに高くないですよ。

【練習Ａ】

1.　| チンさんはあした来る | でしょう。
　　　チンさんはあした来ない
　　　北海道はまだ寒い
　　　そんなに寒くない
　　　妹さんはきれい
　　　そんなに親切ではない
　　　曇りときどき晴れ
　　　あしたはひまではない

2.　| あの人は結婚する | かもしれません。
　　　田中さんはその話を知らない
　　　鈴木さんはもう帰った
　　　すずき
　　　かぎをかけなかった
　　　あしたはいそがしい
　　　この料理はおいしくない
　　　あの人はどくしん
　　　あの人はどくしんではない
　　　バスのほうが便利
　　　パスポートは必要ではない

3.

| 今度の急行に間に合う |
| 山川さんはガンジーさんを知らない |
| そのえいがは面白い |
| あしたの晩はたぶんひま |
| その話はたぶんうそ |

だろうと思います。

【練習B】

1. 例のように答えなさい。

例：「あしたの天気はどうでしょうかね。」……（晴れます）

→ たぶん晴れるでしょう。

(1) チンさんはこの問題、分かりますか。……（分かります）

(2) あの人は来ますか。……（来ません）

(3) 冬の京都はどうでしょうか。……（寒いです）

(4) リーさんは、ここの店を知っていますか。……（知っています）

(5) おそくなりましたね。チンさんは、待っていますか。……（待っています）

(6) 曇ってきましたね。富士山が見えますか。……（見えません）
   ふ じ さん

(7) 高いですねえ。あの人は、これを買いますか。……（買いません）

2. 例のように答えなさい。

例：ズボン、どうですか。小さいですか。……（ちょっと小さいです）

→ そうですね。ちょっと小さいかもしれませんね。

(1) あの二人はにていますね。……（親子です）

　　(2) あの二人はなかがいいですね。……（恋人です）
　　　　　　　　　　　　　　　　　こいびと

　　(3) あの人はこわいかおをしていますね。……（わるい人です）

　　(4) 空がくらいですね。……（あしたは雨です）

　　(5) このレストランはすいていますね。……（高いです）

　　(6) このぼうし、おかしいですか。……（みんながわらいます）

3．例のように「いいえ」で答えなさい。

　　例１：リーさんは来ないかもしれませんね。　→　いいえ、来ると思います。

　　例２：リーさんはどくしんかもしれませんね。　→　いいえ、どくしんではないと思いま
　　　　　す。

　　(1) バスがおそいですね。事故かもしれませんね。

　　(2) この時間では、間に合わないかもしれませんね。

　　(3) キクの花は、おみまいにいいかもしれませんね。

　　(4) この次の停留所は、「病院前」かもしれませんね。
　　　　　　　　ていりゅうじょ

　　(5) リーさんの病室は、あそこかもしれませんね。

　　(6) 今、面会時間ではないかもしれませんね。
　　　　　めんかい

　　(7) リーさんは、今週、たいいんできるかもしれませんね。

4．例のように答えなさい。

　　例：試験はむずかしいでしょうか。　→　ええ、たぶんむずかしいだろうと思います。

　　(1) このチームはかつでしょうか。

　　(2) 今週中にとどくでしょうか。

　　(3) あの人は来るでしょうか。

(4) あしたはいい天気でしょうか。

(5) チケットはまだあるでしょうか。

(6) これでだいじょうぶでしょうか。

5. 例のように答えなさい。

例：日本は食べ物が高いでしょう。（くだもの）　→　はい、とくにくだものが高い

　　ですね。

(1) 日本語はむずかしいでしょう。（漢字）

(2) 日本語はむずかしいでしょう。（ぶんぽう）

(3) アルバイトは大変でしょう。（雨の日）

(4) りょうはうるさいでしょう。（土曜日の夜）

(5) 食堂はこんでいるでしょう。（12時ごろ）

(6) 旅行は楽しかったでしょう。（さいごの日）

【練習C】

1. 次の会話を練習しましょう。

(1) A 「どうですか。ちょうどいいですか。」

　　B 「そうですね。 ＿＿＿＿＿ がちょっと ＿＿＿＿＿ かもしれませんね。」

　　A 「＿＿＿＿＿ はどうですか。」

　　B 「それはちょうどいいと思います。」

(2) A 「この ＿＿＿＿＿ はどうですか。」

　　B 「とても ＿＿＿＿＿ がいいですね。でも、＿＿＿＿＿ は高いです。」

A「でも、＿＿＿＿＿＿＿＿＿＿と思います。」

B「じゃ、買いますか。」

A「はい。」

2. 次の週間天気予報の表を見て、後の文を完成しなさい。

☆今日は５月23日で、日曜日です。

	24(月)	25(火)	26(水)	27(木)	28(金)	29(土)
札幌 (さっぽろ)	雨/晴れ	晴れ	晴れ	曇り	曇り	曇り
東京	曇り	雨/曇り	曇り	晴れ	晴れ	晴れ
名古屋	曇り	晴れ	晴れ	晴れ	晴れ	曇り
大阪 (おおさか)	曇り	曇り	曇り	晴れ	曇り	曇り/雨
那覇 (なは)	曇り	曇り	晴れ	晴れ	晴れ	晴れ

晴れ

曇り

雨

(1) あしたの午後から札幌へ行って、27日には東京へ帰りますが、雨の心配は、

（　　　　　　　　　）。

(2) 東京は、25日はちょっと雨が（　　　　　　　　　）が、26日からはだんだん

（　　　　　　　　　）。

(3) 24日からの週は、大阪より名古屋のほうが（　　　　　　　　　）。

(4) 那覇では、あしたとあさっては（　　　　　　　　　）が、26日からはずっと

（　　　　　　　　　）。

209

悩み相談室

　13歳の中学生です。最近、さびしくて急に泣きたくなることがあります。私は人と話すことがあまり上手ではありません。だから、友だちもできません。ひとりだけいい友だちがいましたが、その人は北海道に引っ越しました。私は毎日電話をかけましたが、1か月の電話代が6万円にもなり、簡単にはできなくなりました。

　家では、兄が受験勉強をしていて、いつもイライラしています。母は兄のことばかり心配しています。父は仕事が忙しくて、面倒な話は聞きたくないと言います。

　私は毎日何もできなくて、ひとりでボーッとしています。勉強もしなければなりませんが、できません。ときどき自分がわからなくなって、涙がでてきます。アドバイスをお願いします。

◆◆◆◆◆◆◆◆◆◆◆

　あなたの手紙を読んで、私はこの手紙は「悩み相談室」より、あなたの身近な人たちに見せたほうがいいと思いました。

　一番身近な人たちはご両親ですが、お父さんやお母さんにあなたの心の中を話したほうがいいだろうと思います。本当はご両親はあなたのことを心配しているかもしれません。

　次は学校です。担任の先生にあなたの気持ちを話してください。

> あなたは「はずかしくて、できない。」と言うかもしれません。それ
> なら、話さなくてもいいです。手紙に書いてください。あなたの手
> 紙は字も文章もしっかりしていますよ。
> 　扉をたたいてください。その扉はきっと開くでしょう。

第22課 新出語

そろそろ	そら(空)	くもる(曇る)
～かもしれない	そうかなあ	てんきよほう(天気予報)
はれる(晴れる)	はずれる(外れる)	

【文型】

たぶん(多分)	ニューヨーク

【練習A】

くもり(曇り)	はれ(晴れ)

【練習B】

もんだい(問題)	ふゆ(冬)	にる(似る)
おやこ(親子)	なか(仲)	すく(空く)
ぼうし(帽子)	わらう(笑う)	キク(菊)
みまい(見舞い)	ていりゅうじょ(停留所)	とどく(届く)
びょうしつ(病室)	めんかいじかん(面会時間)	たいいんする(退院する)
チーム	かつ(勝つ)	チケット
だいじょうぶ(大丈夫)—な	ぶんぽう(文法)	さいご(最後)

【練習C】

なは(那覇)

【文章】

なやみ(悩み)	そうだんしつ(相談室)	ちゅうがくせい(中学生)
なく(泣く)	ひっこす(引っ越す)	じゅけんべんきょう(受験勉強)
イライラする	めんどう(面倒)な	ボーッとする
なみだ(涙)	みぢか(身近か)—な	こころ(心)
たんにん(担任)	ぶんしょう(文章)	しっかりする
とびら(扉)	たたく(叩く)	きっと
ひらく(開く)		

第23課　丹沢にのぼったときにとりました
たんざわ

ジョン 「きれいな写真ですね。」

田　中 「ええ、去年、丹沢にのぼったときにとりました。」

ジョン 「空がずいぶんきれいですね。」

田　中 「ええ、このときはね。ところが、このあと急に雨が

　　　　　降ってきて困りましたよ。」

ジョン 「それでどうしました。」

田　中 「ええ、しかたがないから、とちゅうで山を下りて、

　　　　　ひどくならないうちに帰りましたよ。」

ジョン 「それはざんねんでしたね。」

【文型】

１．単語の意味がわからないとき、どうしますか。

　　　辞書をひきます。

２．あの人を知っていますか。

　　　ええ、子どものときからよく知っています。

３．このコートは高かったでしょう。

　　　いいえ、夏の安いときに買いましたから、ふつうのときのはんがくでした。

４．ひまなとき、うちへ遊びにきませんか。

　　　ええ、ぜひうかがいます。

５．覚えているうちにノートに書いたほうがいいですよ。

　　　はい、そうします。

６．忘れないうちに宿題をしたほうがいいですよ。

　　　はい、もうゆうべのうちにやりました。

７．夏休みの間にアルバイトをしますか。

　　　ええ、２週間ぐらいします。

【練習Ａ】

1.

家を出る とき、	かぎをかけます。
分からない	どうしますか。
ごはんを食べている	新聞を読まないでください。
あたまがいたい	このくすりを飲みます。
ひまな	遊びに来てください。
子どもの	マンガがすきでした。

2.

子どもがねている うちに	せんたくしました。
雨が降らない	帰ります。
あたたかい	食べましょう。

3.

るすの あいだに	だれかたずねてきました。
あなたが出かけている	電話がありました。

【練習Ｂ】

1．例のように答えなさい。

　例：ひまなとき、何をしますか。（テレビ）　→　テレビを見ます。

　　(1) ひまなとき、何をしますか。（手紙）

　　(2) ひまなとき、何をしますか。（散歩）

　　(3) ひまなとき、何をしますか。（本）

　　(4) ひまなとき、何をしますか。（電話）

(5) ひまなとき、何をしますか。（おしゃべり）

(6) ひまなとき、何をしますか。（昼寝）

2．例のように答えなさい。

例｜：いつ、この写真をとりましたか。（京都へ行きました）

　　→　京都へ行ったとき、この写真をとりました。

例2：いつ、言いますか。（先生に会います）

　　→　先生に会ったとき言います。

(1) いつ、リーさんに会いましたか。（今朝、散歩をしていました）

(2) いつ、その人を見ましたか。（ゆうべ、おそく帰ってきました）

(3) いつ、なくなったことが分かりましたか。（電車が終点に着きました）

(4) いつ、使いますか。（外国へ行きます）

(5) いつ、先生に出しますか。（山田先生の授業）

(6) いつ、このことを話しましょうか。（会が終わりました）

3．例のように答えなさい。

例：もう帰りますか。（雨が降りません）　→　ええ、雨が降らないうちに帰ります。

(1) もう行きますか。（雨が降りません）

(2) もう帰りますか。（暗くなりません）

(3) もう帰りますか。（寒くなりません）

(4) もう行きますか。（12時になりません）

(5) もう帰りますか。（電車がこみません）

(6) もう行きますか。（みんなが帰ってきません）

4．例のように答えなさい。

例：（若いです）（一生懸命働きます）　→　若いうちに、一生懸命働きます。

(1)（忘れません）（ノートに書きます）

(2)（温かいです）（ラーメンを食べます）

(3)（とけません）（アイスクリームを食べます）

(4)（日本にいます）（いろいろな所に行きたいです）

(5)（学生です）（いろいろな本を読みます）

(6)（どくしんです）（いろいろな国へ行きたいです）

5．例のように答えなさい。

例：（電車を待っています）（新聞を読みます）

　　→　電車を待っている間に新聞を読みます。

(1)（夏休みです）（アルバイトをしたいです）

(2)（日本にいます）（北海道へ行きたいです）

(3)（バスを待っています）（文をおぼえます）

(4)（10年です）（この町はたいへん変わりました）

(5)（あなたが買い物をしています）（わたしは郵便局へ行ってきます）

(6)（子どもが寝ています）（せんたくをしましょう）

【練習C】

1．次の会話を練習しましょう。

(1) A「きれいな ☐☐☐☐☐ ですね。」

　　B「ええ、これは ☐☐☐☐☐ へ行ったとき、☐☐☐☐☐ で買いました。」

(2) A「□□□□□□　うちに、□□□□□□　たほうがいいですよ。」

　　B「ええ、もう □□□□□□　ました。」

第 23 課 新出語

たんざわ(丹沢)	ところが	きゅうに(急に)
しかたがない(仕方がない)	とちゅう(途中)	おりる(下りる)
ひどい	〜うち(〜内)に	ざんねんな(残念な)

【文型】

たんご(単語)	はんがく(半額)

【練習A】

マンガ(漫画)	たずねる(訪ねる)

【練習B】

おしゃべり―する	ひるね(昼寝)―する	なくなる
しゅうてん(終点)	いっしょうけんめい(一生懸命)―な	ラーメン
とける(溶ける)	かわる(変わる)	

【練習C】

はじまり(始まり)	しんせい書	たのむ(頼む)

第24課　　茶色のスーツを着ている方ですか

ラタナ　「ちょっとすみません。あそこでタバコをすっている方は

　　　　　どなたですか。」

田　中　「え、あの茶色のスーツを着ている方ですか。」

ラタナ　「そうです。」

田　中　「あの方は文学部の山口先生です。アジアの民話の専門家

　　　　　です。」

ラタナ　「ああ、やっぱりそうですか。3年前にバンコクの大学で、

　　　　　『タイの昔 話』というこうぎを聞いたことがありますよ。」
　　　　　　　むかしばなし

田　中　「あ、そうですか。あなたの卒 業 論文のテーマもタイの昔話
　　　　　　　　　　　　　　そつぎょうろんぶん

　　　　　でしょう。」

ラタナ　「ええ、そうです。ちょっとあいさつしてきます。」

田　中　「どうぞ、どうぞ。」

【文型】

1．今日宿題を出さなかった人はだれですか。

　　　　リーさんとラオさんです。

2．あの先生がいつも使っているコンピュータはどこのですか。

　　　　名前は忘れましたが、たしかアメリカの会社のですよ。

3．さっきまで元気がなかった田中さんが急に元気になりましたね。

　　　　ええ、落としたさいふがみつかったからですよ。

4．あの作家の書いた小説は好きですか。

　　　　ええ、好きですよ。彼は大好きな作家のひとりです。
　　　　　　　　　　　　かれ

5．これはどこでとった写真ですか。

　　　　去年、箱根へ行ったときにとったものです。
　　　　　　はこね

6．今度出た百科事典はいいですね。買いませんか。

　　　　いいえ、今は読みたい本を買うお金もありませんから。

【練習A】

1．

あそこにいる
今テキストを読んだ
パーティーに行かない
きのうの会に来なかった

人は、タノムさんです。

220

2. | かばんを売っている
京都で見学する
今いちばん行きたい
さいふが落ちていた | 所は、どこですか。

3. | 宿題をする
全部覚える
買い物に行く
手紙を書く | 時間がありません。

4. これは | 私が好きな
田中さんがかいた
鎌倉の美術館にある
モハメドさんにもらった | 絵です。

かまくら

5. | あなたの好きな
ラオさんの聞きたい
今、山川さんの歌った
日本人のよく歌う | 曲は何ですか。

【練習B】

1. 例のように言いかえなさい。

例：（ラタナさんが作りました）（料理はおいしいです）

→ ラタナさんが作った料理はおいしいです。

(1) （あの作家が書きました）（本はおもしろいです）

(2) （あなたがとりました）（写真はどれですか）

(3) （あなたが買いたいです）（ステレオはいくらぐらいですか）

(4) （あなたが送りました）（小包は何キロでしたか）
　　　　　　　　　こづつみ

(5) （ポンチャイさんが乗ります）（飛行機は何時に出発しますか）

(6) （リーさんが飲んでいます）（お茶はウーロン茶ですか）

2. 例のように言いかえなさい。

例：（これはノートです）（これは山田さんが買いました）

→ これは山田さんが買ったノートです。

(1) （これは写真です）（これは田中さんが写しました）

(2) （これはカメラです）（これは田中さんに借りました）

(3) （これは時計です）（これは銀座で買いました）

(4) （これはＣＤです）（これは今いちばんほしいです）

(5) （これは新しい文型です）（これはあした習います）
　　　　　　　　ぶんけい

(6) （これは曲です）（これは山川さんが好きです）

(7) （これはおみやげです）（恋人にもらいました）
　　　　　　　　　　　　　こいびと

(8) （これは歌です）（今はやっています）

３．例のように言いかえなさい。

例：中国語ができます。　→　中国語ができる人はだれですか。

(1) まだわかりません。

(2) きのう学校を休みました。

(3) こくばんに絵をかきました。

(4) まどガラスをこわしました。

(5) 夏休みに国へ帰ります。

(6) 会話を暗記しませんでした。

(7) 宿題をわすれました。

(8) 今「勉強はいやです」と言いました。

(9) 先生の本に先生のかおをかきました。

４．例のように文を変えなさい。

例：先生はきのう新宿でリーさんを見ました。（人）（リーさんです。）

　　→　先生がきのう新宿で見た人はリーさんです。

(1) あしたこのページを勉強します。（ところ）（このページです。）

(2) あなたは、いつその手紙を出しましたか。（日）（いつですか。）

(3) あなたは、どこにそのかばんをおきましたか。（ところ）（どこですか。）

(4) はんにんはこの車に乗ってにげました。（車）（この車です。）

(5) わたしがいない間にこの部屋へだれが入りましたか。（人）（だれですか。）

(6) リーさんは日曜日に横浜でえいがを見ました。（日）（日曜日です。）
よこはま

【練習C】

1. 次の会話を練習しましょう。

  (1) A「あの ☐☐☐☐☐☐ は ☐☐☐☐ ですか。」

    B「 ☐☐☐☐ ですよ。」

    A「ああ、やっぱり。前に一度 ☐☐☐☐ たことがあります。」

  (2) A「ちょっと ☐☐☐☐ してきます。」

    B「どうぞ、どうぞ。」

2. となりの人に質問しなさい。

  (1) 今、いちばんほしいものは何ですか。

  (2) 今、いちばん食べたいものは何ですか。

  (3) 今、いちばんやりたいことは何ですか。

  (4) 今、いちばん飲みたいものは何ですか。

  (5) 今、いちばん会いたい人はだれですか。

  (6) 今、いちばん行きたいところはどこですか。

  (7) 今、いちばん会いたくない人はだれですか。

3. 次の会話に下の言葉を入れかえなさい。

  A「あそこでタバコをすっている人はどなたですか。」
          ①
  B「あの茶色のスーツを着ている方ですか。」
      ②
  A「ええ。あの人です。」

  B「あの方はスポーツ医学研究所の所長さんです。」
          ③

224

(1)　①本を読んでいます。　　②めがねをかけています　③リンさんのお父さん

(2)　①お茶を出しています　　②ふとっています　　　③先生のおくさん

(3)　①だれかを待っています　②かみのけがうすいです　③あの学校の校長先生

(4)　①今、前の方で話しています　②マイクを持っています　③日本語の先生

4．次の文を読んで、後の質問に答えなさい。

> 　チンさんは5歳の時、お父さんといっしょにインドへ行きました。10歳の時、今度
> はマレーシアへ行きました。お父さんは今マレーシアにいますが、チンさんはマレー
> シアの高校を卒業してから、お母さんといっしょに台湾へ帰って、台湾の大学に入学
> しました。チンさんは去年その大学を卒業して、今年の4月に、今度はひとりで日本
> に来ました。

(1)　今、マレーシアにいる人はだれですか。

(2)　チンさんが卒業した高校はどこにありますか。

(3)　チンさんの入った大学はマレーシアの大学ですか。

(4)　チンさんの家族で、今インドに住んでいる人がいますか。

(5)　チンさんが台湾へ帰った時、お父さんもいっしょに帰りましたか。

(6)　チンさんが日本へ来た時、お母さんもいっしょに来ましたか。

第 24 課 新出語

ちゃいろ (茶色) スーツ ぶんがくぶ (文学部)
やまぐち (山口) アジア みんわ (民話)
せんもんか (専門家) むかしばなし (昔話) こうぎ (講義) ―する
そつぎょうろんぶん (卒業論文) テーマ

【文型】

ラオ さっき みつかる (見つかる)
さっか (作家) ひゃっかじてん (百科事典)

【練習 A】

テキスト タノム けんがくする (見学する)
びじゅつかん (美術館) きょく (曲)

【練習 B】

ポンチャイ ウーロンちゃ (…茶) うつす (写す)
ぎんざ (銀座) はやる (流行る) ぶんけい (文型)
こくばん (黒板) ガラス ページ

【練習 C】

スポーツいがくけんきゅうしょ しょちょう (所長) ふとる (太る)
(…医学研究所)
かみのけ (髪の毛) うすい (薄い) こうちょうせんせい (校長先生)
マイク マレーシア たいわん (台湾)
にゅうがく (入学) ―する

基本文型一覧

第1課

1．わたしは学生です。

2．わたしは日本人ではありません。

3．あの人はリーさんです。

4．これは辞書です。

5．この本はわたしのです。

6．これは日本語の本です。

第2課

1．これは1キロ、300円です。

2．りんごを5個ください。

第3課

1．今、9時です。

2．きょうは月曜日です。

3．あしたは火曜日です。

4．きのうは日曜日でした。

5．授業は9時から4時半までです。

第4課

1．研究室はあそこです。

2．東はこちらです。

3．ここに本があります。

4．ここに学生がいます。

5．電話はあそこにあります。

6．先生は研究室です。

第5課

1．わたしは学校へ行きます。

2．わたしは友だちと学校へ行きます。

3．わたしは8時に学校へ行きます。

4．子供たちは公園で遊びます。

5．きのうホテルに泊まりました。

第6課

1．あれは新しい車です。

2．あれは新しいです。

3．田中さんは親切な人です。

4．田中さんは親切です。

5．ゆうべは寒かったです。

6．きのうは暇でした。

7．夕方からすずしくなります。

8．この町は最近にぎやかになりました。

第7課

1．わたしは本を読みます。

2．わたしは一週間に一回せんたくします。

第8課

1．わたしは山田さんにペンをあげます。

2．わたしは父に時計をもらいます。

第 9 課

1．先生はチョークで字を書きます。

2．学生は教室に入ります。

3．学生は教室を出ます。

4．わたしは図書館へ本を読みに行きます。

第10課

1．このテープレコーダーは音がいいです。

2．わたしは兄弟があります。

3．わたしは日本語がわかります。

4．わたしはスキーができます。

第11課

1．わたしはコーヒーが好きです。

2．わたしは車が欲しいです。

3．わたしはお茶が〈を〉飲みたいです。

4．あたまが痛いですから、学校を休みます。

第12課

1．田中さんは山田さんより若いです。

2．この電車は新幹線ほど速くないです。

3．スポーツの中で野球がいちばんおもしろいです。

第13課

1．ジョンさんは今レコードを聞いています。

2．鈴木さんは毎日あの工場で働いています。

3．わたしは東京へ行って友だちに会います。

4．歯をみがいてから、寝ます。

第14課

1．ここへ来てください。

2．タバコを吸ってもいいです。

3．タバコを吸ってはいけません。

第15課

1．電気がついています。

2．電気がつけてあります。

3．雨が降ってきます。

第16課

1．わたしの部屋は広くて明るいです。

2．この公園は静かできれいです。

3．わたしは25才で独身です。

4．この本はむずかしくて、わかりません。

第17課

1．学生がレポートを書く。

2．きょうは空が青い。

3．ラタナさんは英語がじょうずだ。

4．これはインドネシアのコーヒーだ。

第18課

1．漢字を読むことができる。

2．ときどき遅刻することがある。

3．わたしの趣味は切手を集めることだ。

4．寝る前に歯をみがく。

第19課

1．あしたまでにレポートを出さなければな
　　らない。
2．電話で話すから手紙は出さなくてもいい。
3．この部屋に入らないでください。

第20課

1．あの人に会ったことがある。
2．はやく寝たほうがいい。
3．お客が帰ったあとで、ゆっくり休む。

第21課

1．今日は雨が降ると思う。
2．あの人は彼女が好きだと言った。
3．"Good morning" は日本語で「おはよう
　　ございます」と言う。

第22課

1．あの人は来ないかもしれない。
2．あの人は行くだろう。

第23課

1．家を出る時かぎをかける。
2．冷たいうちにビールを飲む。
3．あの人が食べている間は静かだ。

第24課

1．わたしが買った本はこれだ。
2．ゆっくり買い物する時間がない。

(1)	1本	2学	3生	4中	5国	6人	7日	8先	L 1
(2)	9語」	10一	11二	12三	13四	14五	15六	16七	L 2
(3)	17八	18九	19十	20百	21千	22万	23円	24年」	L 2
(4)	25月	26今	27何	28時	29分	30半	31前	32部」	L 3
(5)	33友	34大	35上	36下	37後	38右	39左	40間	L 4
(6)	41東	42西	43南	44北」	45曜	46火	47水	48木	L 4・5
(7)	49金	50土	51週	52毎	53行	54来	55帰	56午」	L 5
(8)	57赤	58小	59新	60古	61高	62安	63暑	64寒	L 6
(9)	65暖	66涼	67近	68遠	69不	70便	71利	72元	L 6
(10)	73気」	74電	75話	76聞	77読	78書	79見	80習	L 7
(11)	81教	82食	83飲	84買	85勉	86強」	87手	88紙	L 7・8
(12)	89地	90図	91住	92所	93番	94号	95都	96道	L 8
(13)	97府	98県	99市	100区	101町	102村	103丁	104目」	L 8
(14)	105英	106文	107作	108着	109入	110出	111発	112会	L 9
(15)	113乗	114降	115切	116字」	117兄	118弟	119姉	120妹	L 10
(16)	121父	122母	123子	124男	125女	126音	127声	128色」	L 10
(17)	129自	130動	131車	132旅	133病	134雨	135晴	136天	L 11
(18)	137雲	138曇	139休	140春	141夏	142秋	143冬」	144京	L 11・12
(19)	145品	146海	147機	148世	149界	150州	151宿	152飛	L 12
(20)	153鉄	154幹	155線	156名	157屋	158店	159員	160客」	L 12
(21)	161社	162使	163館	164銀	165校	166郵	167局	168院	L 13
(22)	169科	170室	171研	172究	173事	174務	175駅	176寺	L 13
(23)	177開	178閉	179貸	180借」	181場	182止	183走	184歩	L 14
(24)	185通	186曲	187待	188持	189運	190転	191伝	192売」	
(25)	193交	194公	195園	196外	197内	198門	199際	200知	L 15
(26)	201写	202真	203忘	204物	205仕	206題」	207花	208白	L 15・16

(27)	209青	210黒	211黄	212茶	213緑	214丸	215長	216短	L16
(28)	217明	218暗	219軽	220重	221多	222少	223有	224無	L16
(29)	225変	226静	227親	228楽	229形	230角」	231欠	232席	L16
(30)	233卒	234業	235授	236試	237験	238始	239終	240起	L17
(31)	241寝	242覚	243計	244急	225課	246山	247川」	248漢	L17・18
(32)	249堂	250説	251質	252問	253答	254朝	255昼	256晩	L18
(33)	257夕	258方	259夜	260取	261泳	262遊	263消」	264受	L18・19
(35)	265落	266言	267料	268辞	269全	270心	271配	272働	L19
(35)	273回	274立	275引	276記	277代」	278理	279馬	280用	L19・20
(36)	281平	282練	283度	283数	285化	286経	287営	288工	L20
(37)	289済」	290点	291思	292集	293家	294族	295議	296歳	L21
(38)	297結	298婚	299将	300修	301第	302合	303違	304酒」	L21
(39)	305予	306報	307空	308雪	309氷	310風	311吹	312熱	L22
(40)	313温	314故	315必	316要」	317去	318困	319単	320願	L22・23
(41)	321頼	322届	323返	324意	325味	326散」	327民	328専	L23・24
(42)	329私	330美	331術	332絵	333歌	334好	335医	336者	L24

執筆者一覧

河原崎　幹夫

森田　富美子

谷口　聡人

宮城　幸技

斉木　ゆかり

村上　浩美

的場　主真

上林　洋二

北村　よう

イラスト－長野亮之介
装　　丁－中野達彦

新装版　日本語初級 I

2002年1月20日　第1版第1刷発行

編　者　東海大学留学生教育センター
発行者　松前紀光
発行所　東海大学出版会
　　　　〒151-0063 東京都渋谷区富ヶ谷2-28-4
　　　　TEL 03-5478-0891　振替 00100-5-46614
　　　　URL http://www.press.tokai.ac.jp/
組　版　株式会社 テイクアイ
印　刷　港北出版印刷 株式会社
製　本　株式会社 石津製本所

付属CD-ROMの使い方

　付属のCD-ROMは、音声CD部分のほかに、MP3ファイルが保存されています。それぞれの内容は、次の通りです。

　①音声CD部分…本文

　②MP3ファイル…練習問題B

〈CDプレーヤをご使用の場合〉

　普通のCDとしてお使いいただけます。①のみを聴くことができます。

〈パソコンをご使用の場合〉

　再生ソフト※を使って、②のMP3ファイルを開くことができます。

　ドライブにCD-ROMをセットすると、画面上にMP3ファイルのフォルダのアイコンが表示されます。フォルダを開き、聴きたい章のファイルをクリックすると、再生が始まります。

　パソコンで①の音声CD部分を聴くこともできます。画面上にはアイコンが表れませんが、CDプレーヤーの機能を起ち上げると、自動的に認識されて再生できるようになります。

　Macintoshのパソコンをご使用の場合、画面上にCD-ROM自体のアイコンのほかに、音符のついたアイコンが表示されることがあります。その場合、CD-ROMを取り出す際には2つのアイコンを両方ゴミ箱に捨てないと出てきませんので、ご注意ください。

　また、CD-ROMの認識に時間がかかり、なかなかアイコンが画面に現れない場合がありますのでご了承ください。

　※MP3ファイルの再生には、MP3に対応したソフト－Windowsでは「Media　Player」、Macintoshでは「QuickTime」が必要です。これらは下記のサイトから最新版がダウンロードできます。

　●Windows Media Player

　　　http://www.microsoft.com/japan/download.htm

　●Macintosh Quick Time

　　　http://www.apple.co.jp/quicktime/

東海大学出版会